妳可以乖，但不能不懂男人的壞

大叔／著

目錄
CONTENTS

Part 2

十八禁的事
不能等到十八歲　才懂

Part 3

關於　男人這種動物

Part 4

把自己當情人　來愛

自序

這本書，希望我女兒長大後能讀一讀

二〇二〇年三月三日下午4:53，我收到來自圓神的蕙婷訊息，邀我寫書。其實之前就有出版社找我聊寫書的事情，但我一直沒有動力。很大的原因來自於，我本來就懶，不太有把握能夠每天待在書桌前面，持續的把這本書給完成，所以我不敢輕易答應別人。

其二是我一直認為寫書這種事是很重要、很神聖的事情，畢竟我是一個老派的大叔，我這種貨色如果寫書，很怕對別人造成不好的示範，所以這幾年來的邀約我都推辭了。

蕙婷打動我的是：「你就慢慢寫，想寫什麼就寫什麼，寫了我們就收集起來，收集夠了再來出書。」「這本書其實也不需要有方向，就是一個你的隨筆，所以你不要有壓力，我們出版方不設定方向。」

這也就是為什麼從二〇二〇年的三月開始規畫，當中經歷了兩次疫情的爆發，到現在才寫完的原因。另外我心裡的一個小小私欲是，我想要留本書，等我女兒長大的時候，看到爸爸寫下來的東西。

或許沒那麼多人認識我，比較多人聽過的是大叔。

七〇年代出生的大叔，前半輩子都在做廣告，三十六歲以後莫名的一直在斜槓，年紀輕輕已經得遍世界三大廣告獎。

紐約廣告獎（New York Festivals Advertising Awards）

坎城國際創意節（Cannes Lions International Festival of Creativity）

莫比廣告獎（The Mobius Advertising Awards）

三十一歲當上國際集團的創意總監。

三十三歲與兩個志同道合的同事，創立了廣告公司。

三十六歲當了網路女鞋品牌的老闆。

三十九歲因為愛吃愛喝開了餐廳和酒吧。

四十二歲當了父親，開始學習養兒育女。

為了跟女兒相處，在家附近成立了家具工坊。去年營業額邁向了千萬。莫名又成了超過十萬人追蹤的「拎杯是大叔啦」粉專主，俗稱網紅（其實比較想當網美）。然後、可能、也許，會因為這本書而成為作者。

單身時一週有三天在夜店，其他夜晚不是在應酬就是在約會。大概跟四位數的女人擁抱過、跟三位數的人上過床。本來打算遊戲人生、耍帥到老，結果被老婆收服、女兒征服，變成人人口中的好老公。朝六起床送女兒上學，晚五回家陪女兒寫作業。不應酬、不出門、假日必帶全家出遊。所以他們說，我是有資格來跟女人們聊聊心事。

這本書的隨筆有的都是大叔遊歷江湖的真人真事，也是我遊戲人間裡遇見可以拿來跟女孩兒分享的故事。希望所有女孩都能勇敢去愛、勇敢做自己，最終就是老男人的叮嚀。不管妳要愛誰，請一定要愛自己，如果連妳都不愛自己的話，還有誰能夠愛妳呢？

推薦序

像廣告精簡有哏，卻有溫度的故事

有一天大叔Line我，說他準備要出書了，請我寫一則序，我感覺沒頭沒尾的，而且，竟然用Line交代他人生第一本書的序！我忙了一週後再問他，書的內容是什麼？需要我寫些什麼？他輕描淡寫的回我，就是我們小時候一起鬼混的事啊！我更疑惑了，記憶中，他三天兩頭換女朋友，而且經常還不需要我的英語助力就泡到洋妞，到底是仗著什麼樣的魅力，我也非常好奇！

我們年輕的時候在廣告公司共事，他專長於美術設計，我在整合行銷部門，當時大家都單身、熱血，因為業務的高質量壓力，幾乎天天超時工作攪和在一起，即便休假日也因不自覺的默契而團聚。加班也罷、玩耍也罷，Work hard! Play hard!

每天身處於創意激發的環境，服務的對象都是跨國企業、知名品牌，給人的感覺難免有些不可一世，但因廣告企畫與創意背負著產品銷售的成功關鍵壓力，我們時時耳濡目染於對顧客心理、行為以及社會趨勢的洞察、分析，進而形成策略，更必須挑戰將引人入勝的創意，化身為精準有效的平面圖文或幾十秒的影像廣告，我現在相信，是這些讓他長期練就了一身體察人性的習慣與功力，形成自有主張，而且表達上不拐彎抹角，經常強而有力打中讀者的心！

隨著結婚生子的家庭生活終於不可免俗的套入他的生命，暖化了他的眼神，也撐大了他的包容，逐漸看見他有越來越多的同理心與正義感。關大叔現在說故事，除了像廣告一樣精簡有限，我也感受到更多層次的溫度。

（本文作者爲台北101大樓營運長　劉家豪）

Part 1

好女孩當然要　拜金

1. 不要跟老娘談ＡＡ制

看到一則網路po文在聊ＡＡ制，這好像是每隔一陣子就會被挑出來討論的話題，女孩是這麼說的：

前男友告訴我，國外的情侶都ＡＡ，台灣女生不一樣，跟男朋友一起出去吃飯都男生在付，他們這些喝過洋墨水的兄弟們很看不慣，覺得台灣女生很不ＯＫ，我突然發覺原來他在暗示我吃飯都不掏錢。但是我沒告訴他，我們看電影都是刷我的卡、你躺的是我月租一萬八的房子，還多打一副鑰匙給你。現在你跟我計較在外面吃飯我不主動掏錢？開車載我不幫忙分攤停車費？

我想跟推崇ＡＡ的人說，不要假平等真軟爛，自以為ＡＡ很高尚，說得很理所當然。沒有那個屁股就不要把生活過得那麼「公平」，怎麼不承認自己沒肩膀卻嫌另一半，用ＡＡ來包裝你沒錢、你不想掏錢、你不想付出的種種行為。這些人，醜陋而且噁心，薪水到哪，就過什麼生活。自己生活都過得不好，就不要出來談戀愛好嗎？

這件事大叔常在文章裡面聊到，現在也想要用這篇文章來告訴女兒，大聲的在女兒九歲時告訴所有想靠過來的男孩：

我們沒有要跟任何人ＡＡ，拎杯把一個女兒養到這麼大，培養到讓你看得上眼，願意死纏爛打、死不要臉的追求來當女友、當老婆。你說我必須花費多少時間、心力跟金錢。如果追求一個女孩必須談ＡＡ，麻煩你先找她爸談談分期還款計畫。

女孩們，妳一定要強大妳自己，擁有自己的工作、自己的專業。老娘沒有要跟你ＡＡ，但是你帶我去的任何餐廳、任何旅行、買的任何東西，要老娘獨自買單也不會有任何問題。不接受ＡＡ並不是想占你便宜或沒事蹭飯，而是我認為你值得交往，你的買單只是一種風度以及對我的重視。

我的好友Elli，是台灣某滑鼠墊大廠的千金，家裡在台灣代工景氣好的那年代，靠著一張幾毛利潤的滑鼠墊，已經賺下幾輩子的資產。她在美國出生，小時候移居加拿大受教育，長大後回家管的是廠房出租跟土地變更買賣的事業。

身高一六幾，標準的ＡＢＣ美人胚子。大家在夜店飲酒吃飯，她從來沒在小氣，但也不會是冤大頭的海派。常常是我們男生付了包廂，她就開兩瓶酒大家一起同樂，不做凱子，但也不會計較付出。

某次我們一票人在茶酒館吃喝，酒足飯飽之際，不知道誰忽然聊起戀情、戀愛觀，我一直記得她說的一件事，這些話從ＡＢＣ的她口中說出，特別讓我印象深刻。

她說：「朋友吃飯喝酒，我很習慣各付各的或是互相請來請去。但如果跟想交往的對象或是有好感的男生出門，老娘是從不付錢的。」我們開玩笑說：「是個占占男人便宜、吃霸王飯，訓練一下愛不愛妳的概念嗎？」

她說：「錯！真的想交往，我才不會占他便宜，這是給他面子。我真正想交往的男人，是要見過世面、出得了場面的。我在談的生意動輒千萬，吃個飯幾千塊幾乎是我的日常。我沒有要見錢眼開，但至少我的男人要對錢夠霸氣，要對跟女友吃飯和客戶吃飯付錢這件事像反射動作一樣平常，掏錢買單要幾乎忘了它存在的等級。

否則，如果跟我的父母家人、女性友人出門，還在那掏錢扭扭捏捏斤斤計較，能看嗎？而且如果我真的搶著去買單，一個大男人愣在位置上或是站在門口等女生買單，能看嗎？更何況才剛交往，我總不好私底下塞錢給他叫他去買單吧？男人買單真的只是日常生活，絕不會是占便宜。別忘了老娘前一個男友，我送他的生日禮物是 harley 耶！」

嗯！夠霸氣，說得我們這桌男人個個臉色青筍筍的。

ＰＴＴ上一堆宅男，常在討論一種喜歡吃男人、用男人的女生，甚至有些你連手都還沒摸到，就已經付出幾十萬的。你跟她談ＡＡ，她會說：「我是公主。」所以他們便把所有跟男人出門約會，認為男人買單是一種風度的女生，也都歸類為公主。認為她們是不懂男人的苦，覺得占男人便宜是天經地義的。

孩子，其實如果真的有長眼，你是很容易看得出來，這個女生是不是認真要跟你交往，又或者只是來占便宜的。

而對於那些真的只是來蹭吃蹭喝，一約就出門，卻又非挑高檔餐廳不可，吃完立刻跟你說再見，或是拿完禮物立刻跟你說老娘很忙的女神。你是否認真檢討過自己是怎樣的貪圖美色，或是互相不了解就急著約出門嗎？

你貪婪想著她的美色，甚至期待有可能上得了床，而她看準了你的猴急，蹭了頓飯，騙了個包，你說誰比較不入流？老實說，跟這樣的女人交往，你需要的不是談什麼ＡＡ，而是戳瞎自己的雙眼。

基本上，在大叔的時空裡是沒機會遇到男人說ＡＡ的。可能大叔老了跟不上時代，也有可能是物以類聚吧？於是我向女孩們尋求答案。

幾個女孩說：如果是第一次見面，我會主動詢問ＡＡ。

也有滿多女孩說：如果沒好感，我會自己付，因為不想欠對方。

女兒啊！記得爸爸說的話，朋友之間出門ＡＡ很正常，大家互相請來請去感情才會長久。但遇到不想再有瓜葛的男人，我們絕對不占人便宜，別說ＡＡ了，老娘買單請你都沒問題，有多遠滾多遠去。

發文的這個妹妹說了一句很好的話：「男孩，薪水到哪，就過什麼生活。自己的生活都過得不好，就不要談戀愛好嗎？」

如果你年薪沒有三百萬，就不要買一百萬的車子。很多打腫臉充胖子，免頭期款買了一輛賓士的男人，整天在計較停車費跟油錢，半夜開輛賓士在路上繞了幾十圈找停車位，停太遠不想走、停太近怕被撞、停停車格怕付錢。月底了，車子停在家裡，人搭公車上班，因為油錢缺缺。然後帶女人出門，想著要人家幫忙分攤停車費、補貼一點油錢。

我老實說啦，這樣的狀況我真的建議你不要去找任何女孩，好好把心思放在打拚事業上，當你的年收入一千萬的時候，你的女朋友吃了一萬，你都覺得有打統編就算是節稅。

女孩請記得，大叔告訴妳，妳可以在一個男人還沒有錢的時候跟他交往，甚至結婚一同打拚都沒有問題。但前提是這個沒錢的男人必須把妳放在第一位，惜命命。不然他既口袋羞澀，也沒那麼尊重妳、愛妳，妳又何必委屈自己跟他交往，跟他談ＡＡ個屁。

#如果追求一個女孩必須談ㄋㄋ，麻煩你先找她爸談談分期還款計畫。

#薪水到哪，就過什麼生活。自己生活都過得不好，就不要出來談戀愛好嗎？

2. 好女孩當然要拜金

魯宅很喜歡在ＰＴＴ上批評所有不愛他們，或是喜歡高富帥男人的女孩拜金！（靠！這兩種不就是同一群人嗎？）好像只要女孩被他們酸醒，就會轉性喜歡清貧的男人、厭惡金錢物質，或是忽然想挑潛力股，還是走不知路，想找人一起打拚白手起家，就會選擇魯、窮、肥的他們一樣。

可是魯弟，人生真的不是這樣非黑即白的啊！人生真相這碼事，就讓大叔來告訴你。或許這是你長這麼大，第一次有人把你當成自己人，願意跟你說說實話。（畢竟連你媽都常騙你說：我的兒子真帥，我的小孩很乖。）

真相就是：魯、肥、窮，這三件事都非天生，它是有機會透過努力改變的，而你期望的竟然不是自己的向上提升，而是希望女孩能降低標準選擇你。光是這點，大概有智商的女孩再怎麼想吃苦，想清貧，都知道該往哪邊靠。女孩並非一定會因為你不高、不帥、不富而不愛你。但女人一定、絕對會因為你智障而不選你。

我們常說女人拜金，或批評女人擇偶只挑財富，說得好像只要喜歡金錢，看不出有以愛為出發點的女人，就有多罪惡一樣。但試問，哪個女人會沒有愛的因子存在就跟某人共度一生，或是沒有一絲好感就嫁給某人。人們所謂的沒有以愛為出發點的論調，通常都是忘了其實在愛情的世界裡，穩定的經濟、自由的財富，是讓愛情相對加分、讓感情相對穩固的基本，一堆強調有愛飲水飽的，那是中學生的愛情。

好笑的是，人們在批評拜金女人的同時，自己卻又在追求金錢，看著戶頭的數字，盯著螢幕上的指數。我們歌頌著，男孩因忙著事業，追求著財富，而把男女私情、家庭瑣事放在一旁。我們讚美著，因為追求事業而放棄陪伴孩子成長的男人。我們嘆息著，財富權勢滿手，卻跟兒孫家族疏離的老人。

這不叫拜金嗎？所以我們討厭拜金嗎？不！我們一點也不討厭，相反的，我們羨慕不已。

那似乎我們只是討厭女生拜金而已，不！我們只是討厭她們勇敢的說出、表現出她們對金錢的熱愛和財富的崇拜。於是我們塑造出，高尚的女人就該視物質欲望如敝屣。好女孩就該好好安分守己，彈彈琴、看看書，等著某個男人剛好出現來選妃，彷彿我們又應該要把「無才便是德」套在所有女人身上才對。

大叔認真覺得，女人可以拜金，女人當然要拜金，但拜金跟為錢出賣靈魂和良知，或只是傻傻期望著錢從天上掉下來，花癡般的追尋豪門，是兩回事。

大叔眼中的拜金，不是那種高中生省下零用錢、午餐費，甚至是出賣靈肉，就為了一咖LV。也不是那種上班族OL，省吃省喝擠公車縮在小套房裡，就為了買一支山茶花。期待能在同學會或者聯誼，甚至是跑夜店、唱KTV時，能夠對著那些跑車最多只認識到911的二楞子男人，搖搖手腕抬抬食指。那就太小看拜金的意義了。

大叔說：女孩，妳一定要拜金，要拜那種站在自己本位，透過不斷充實自已、不斷向上提升的金，是那種五億探長雷洛口中：要貪就要貪一億的拜金。

我認識一位酒店名花，憑著長袖善舞跟自身的進修，結識企業CEO，進出股市，知不足再進入校園修學分，成為股市名人。接著進軍企業界，掌權集團酒店，現在過著財富自由的貴婦生活。世人將只記得她的名媛稱號，再也不見名花二字。所以說拜金二字多勵志。

世人喜歡歌頌貧窮的愛情，好像如果女人願意選擇一個窮小子，跟著他一起打拚，就值得立一座貞節牌坊。媒體上多的是報導某個女孩不顧父母反對嫁給男人到山上務農，或是公務人員女兒跟著男人擺攤賣車輪餅的故事。

可是瑞凡，這些報導的角度怎麼就不是山上男孩娶了富家千金力爭上游。怎麼就不是車輪餅男孩高攀小康女孩，人生從此多采多姿。為何總是一味歌頌女人要安於清貧，要同苦患難，好像只要委身下嫁的就是聖女貞德，解救了窮苦人家。

女人跟年輕的富二代交往，拜金！

女人嫁給事業有成的同學，拜金！

女人跟財務自由的年長男人再婚，拜金！

即便我們不了解這些男人的智慧、溫柔、體貼、幽默、睿智，或他們一起經歷過哪些美好跟風雨，只要對方有著財富有著事業，我們依然可以一眼就判定：她一定是愛上他的錢。

妳年收入兩百萬，沒理由為了貞節牌坊去嫁一個清貧男。

妳有本事吃得起兩千塊的早餐，沒道理硬要妳找個天天只吃得起美而美的宅男。

開慣了賓士的女主管伴了開賓利的ＣＥＯ，拿慣了柏金包的女藝人找了拿慣現金的富二代，女畫家交往了藝廊老闆，洗碗的嫁給開餐廳的，這不叫拜金，叫上進。

母親在物種的天性裡，本來就會為下一代選擇一個最無憂、最安全、最可以平安成長的環境。所以在動物世界裡，雌性動物會去尋找最強壯，可以打倒所有競爭者的雄性動物。同樣的，在這個舉凡一切都需要金錢交易的社會，女孩本身的天性跟直覺，就是會選擇衣食無缺，不需要為生存煩惱的另一半，這不叫拜金，這叫做生存的本能。

從十幾歲就進入演藝圈的藝人姐妹花，一個嫁入帝寶，一個嫁給中國餐飲二代，姑且不去探究個人行事風格爭議以及婚姻結局如何，如果不是自身在演藝圈不斷努力，保持主持界和電影圈的一線地位，你覺得有辦法跟富二代匹配嗎？

嫁入大戶的兩姐妹開始學習股市操作、餐飲集團的布局、國際酒店的開拓，將版圖放眼中國，一步步走出人生的不同新頁，所以你說拜金是不是會讓人類前進？

女孩，拜金真的不是壞事，但至少妳要先讓妳自己像一回事。

#強調有愛飲水飽的，那是中學生的愛情。

#拜金真的不是壞事，但至少妳要先讓妳自己像一回事。

3. 妳的時間比金錢珍貴

從小我們受的教育都教我們要好好排隊。升旗要排隊，搭校車要排隊，洗手、吃飯、上廁所都要排隊。老師用排隊守不守秩序，來評斷一個班級的優劣；用排隊排得好不好，來決定路隊長或是模範生。等公車時綿延數公尺的隊伍，以及搭捷運手扶梯時所有人靠同一邊站好，更是另類台灣奇蹟。

長大後，我們把排隊精神發揮到極致。一蘭拉麵、添好運、韓式燒肉、LV、Hermes……無所不排。有人排個三天，有人排個三小時，時間不一，雖然邊排嘴裡邊幹個不停。但一樣的是，大家一律樂於打卡，臉書上不著痕跡的，讓朋友知道自己正在某個名店排隊。ＩＧ上輕描淡寫幾字，卻恨不得大家都知道妳去哪個網紅店門口站過，甚至勇於因為排隊而上媒體報導。

常聽到好友間對話：「好賤喔！你偷跑去一蘭！」「幹！你在ｘｘ燒肉打卡好Ｇ巴喔！」

臉書上嘲笑著排隊的人沒見過世面，但看著閨蜜ＩＧ動態的「啾咪！我在Lady M」妳還是心動，即使壓根兒也不是那麼喜歡甜食，卻還是按了個讚，甚至想著哪天親自去嘗嘗看。

年輕女孩有的是時間跟身材，而這正是最快速可以讓社群看見妳、追蹤妳的方式。女孩們ＩＧ最常秀的就是美食、旅遊，跟乳溝。「吃」，一種短時間內立即可以消費，立即可以成行，也最容易打卡的事物。於是從巷口的鹹水雞、曼谷的藍象，一路打卡拍照到巴黎的某個無名小巷。

但是「吃」卻也是只要想去就能成行，難以顯現妳的不同、妳的特別。「旅行」一年也就頂多一兩次。真要秀，篇幅也不多，除非妳真的是「不是在旅行就是在前往旅行路上」的流浪漢。至於「乳溝」，年年都有新胸開闊，老娘能秀的時光有限，畢竟人們對於老奶奶總是尊敬比親近來得多。

好囉！那就來排隊吧。我想排隊是最能顯現拎祖嬤人生哲學上的特別。因為排隊不見得人人能排，人人願意排。

第一，妳要夠閒。就算錢妳有，乳溝妳深，白富美樣樣不缺，但妳不一定能有老娘的閒工夫，老娘能在隊伍裡面拿個板凳耗一下午，妳不一定行。那代表什麼？代表的就是老娘不用做事、不用上班打卡，過著不用為五斗米折腰的自由自在生活；代表的是我想排就排，充滿餘裕的富足生活；代表的是人們從我排隊隊伍身邊擦身而過時，傳來的一聲聲讚美。「幹！吃飽太閒喔！」「靠！都不用做事喔！」「他媽的！沒事幹喔！」

至於排隊時間成本用時薪換算下來不足五十塊的殘酷事實，根本不在老娘考慮的範圍，畢竟我聽不進去，也不會算。

第二，妳臉皮要夠厚，畢竟這是所有在臉書、ＩＧ上爭取露出的必備技能。妳可能有名氣、怕熟人遇見、怕老闆剛好排在後面，更怕好死不死Mr. Right迎面走來。

很好！老娘就是爛命一條，死不要臉，沒有在看別人臉色的。更不用說隊伍周圍路人的冷嘲熱諷，對我來說那就是忌妒，是酸民，是一聲聲的鼓勵，和吃不到葡萄的囈語。

第三，想要排得起隊，妳還得膀胱夠強，否則萬一好不容易排到下一個是妳，卻忽然想要尿尿那不前功盡棄，妳說除了排隊，還有什麼更能證明老娘下半身完美。

另外妳還要身強體壯，平時健身房打卡練的臀大肌，這時候正好拿來秀一番。別人嘴裡的豐滿型，老娘一直號稱的歐美風身材，這時正好可以拿來打卡ＩＧ見證，讓那些說妳胖的鄉民閉嘴，老娘這身材那就叫「剛好」「歐美風」，是緊急狀況時派上用場的，例如穩穩卡在這神聖的隊伍裡，風吹不走人推不動。

縱觀前面三點，妳說能排隊打卡拍照有多麼強大啊？不是妳想吃就有，不是妳想出國就出國，更不是妳奶大就可以不用排，這難道不值得秀在臉書跟ＩＧ上嗎？

年輕女孩青春無敵，有的是時間。但時間與青春過去了，妳留下了些什麼？

在國外，許多孩子從小就很習慣花時間到郊外騎騎馬、海邊沖沖浪、滑雪、打球、登山等等。而我們一般家庭似乎比較少有機會讓孩子沉浸在從小培養的樂趣裡，一來某些運動確實比較昂貴，不是所有家庭都能負擔的，而就算是不太花錢的運動，也必須上班的父母付出相對時間成本。

一般家庭假日比較常發生的場景就是往百貨公司逛，夏天吹冷氣，冬天避風，媽媽可以穿美美，孩子可以有地方放生，爸爸可以好好坐下來滑手機等母子逛累，然後在美食街掏掏錢、打打牙祭，皆大歡喜。

一聽到培養興趣，爸媽們直接聯想到的，就是教練與教材的龐大花費。但其實有很多運動跟嗜好並不需要花費太多費用，需要的只是父母願意陪伴，支出時間成本而已。

我的好友四哥，六歲和八歲小男孩的爸爸，因為自己也是個玩咖，很愛趴趴造，孩子的滑板、腳踏車和游泳都是他自己教的。夏天父子三人騎著單車、戴著蛙鏡往泳池、河邊前進；秋冬臉書畫面同樣騎著單車，但車側綁著滑板，改往滑板場。真的就是，不是騎在腳踏車上，就是在準備騎車的路上。我常看著他們臉書上三人腳踏車隊照片發呆，那真是一副最美的風景。

更令人佩服的是，他們的用品器材很多都是朋友傳承下來的，甚至是四哥二手掏來的，堅持的就是一個東西環保循環的概念，而更難能可貴的，是四哥跟我一樣都是年輕時玩瘋了的人，都是中年得子，而他也早就賺滿幾桶金，在大安區跟宜蘭頭城都有多筆房產，對他來說，付錢請教練反而是比較容易的事，但他偏不。

阿鈺，我的另一個好友，一個十一歲女兒的媽媽，有著自己創立的公關公司，因為女兒迷上衝浪，買了輛福斯露營車，每個假日駐紮在頭城跟南灣的海邊，一個城市媽媽，從怕太陽的嬌嬌女，變成了皮膚小麥色的歐美辣妹。

女孩富養，很多人看到的是錢，而我看到的是願不願意付出時間成本的爸媽。

好了不說了，我要去幫女兒排麥當勞的兒童餐玩具了。

#年輕女孩青春無敵，有的是時間。但時間與青春過去了，妳留下了些什麼？

#女孩富養，很多人看到的是錢，而我看到的是願不願意付出時間成本的爸媽。

4. 富養，才懂得駕馭金錢

可能大叔從小家境不算富裕，在那個台灣錢淹腳目，大家只要肯做就會有錢賺的歲月裡，父母幾乎是一天二十四小時忙於做生意，那個年代的小孩也特別獨立。說好聽一點是獨立，講難聽點應該是那個年代每家孩子都多，爸媽哪有那麼多閒功夫去管小孩的雞毛蒜皮瑣事，就算怎麼了，爸媽也只是聽一聽，沒事的、無病呻吟的，先抓來打一頓。有事的就是OK繃跟面速力達母，再不就是給你十塊錢，自己想辦法解決。於是養成我喜歡親力親為、自己DIY的個性。也因為手巧，腦子動得快，常受長輩稱讚，讓我也頗自豪於自己能吃苦、能做很多鄙事。

也因為這樣的家庭教育與環境，養成我覺得「搭計程車是一種奢侈行為」的根深蒂固荒謬觀念，即使到現在已經開著五千多CC的車子代步，還是會直覺的認為搭計程車太浪費了，當然也完全抗拒叫快遞、Uber eat、foodpanda。其實如果精算過成本就會知道，除非是自己想要到現場逛逛，或者選擇一家真正好吃的店，否則出門買東西的成本遠遠高於吳柏毅與熊貓先生。

某次，我因為要到東區拜訪客戶，正好聽見會計在嚷嚷著要叫快遞，送發票正本回去給會計師。我心想，現在是上午，剛好是上班車潮跟午餐車潮的空檔，交通狀況應該還可以，會計師事務所跟客戶都在大安區，差沒幾條街，便連忙制止會計叫快遞，自告奮勇的接過發票本，朝著東區出發了。

這世界有一種定律叫墨非定律，你越千算萬算覺得不會出錯的，它就一定會出錯，而且必定會錯得讓你傻眼。果不其然，我在前往會計師事務所的路上大塞車了，而且是那種隔著三輛車，前面那一輛紅燈起步撞到前方摩托車，兩人下來理論僵持不下，你眼睜睜看著目的地就在前方，但卻動也動不了的傻眼。

最後車子終於開到基隆路的事務所了，但時間緊迫只好請會計師助理幫忙下樓來拿文件封，然後快速飛奔往八德路去開會，接著眼看開會時間快來不及，只好停入某個一小時收費一百二的辦公大樓地下停車場。

回到家後跟老婆聊起這事，果然狠狠的被洗了把臉。

男人真的是一種白目的動物，應該是說，已婚男是種回到家脫下襯衫洗完澡，穿著四角褲躺在床上，一放鬆，智商瞬間變成五歲的奇妙生物。

即使某些類似事件已經被洗過一百次臉了，一躺下閒聊，還是會不經意和盤托出，你說到底是男人不擅長說謊，神經線比較粗，還是我個人比較智障。

老婆躺在床上一邊敷著臉，連眼角餘光都沒有看我一眼，只用了簡單的停車費$120×開會3小時=$360，可以快遞叫到爽的算式，堵得我啞口無言。

然後還回馬槍的倒刺我一把說：「別說送件一小時你的工資多高了，就算是你的員工去送，一來一回也要兩個小時吧？員工日薪算兩千好了，除以八小時，你看懂一趟兩小時成本多少了吧？」

哇勒！如雷貫耳！

老婆是獨生女。娘家爸爸，也就是拎杯的岳父，是做生意開公司的。我常常開玩笑取笑她，說她嬌生慣養不把錢當錢花。她就是一個完全體現「時間就是金錢」的人，時間只要能用買的，就絕對沒在客氣，只要換算下來，她親力親為付出的時間成本可以賺到更多錢，就絕對不會去賣身。

所以她會用快遞處理所有的實務傳遞往來。用Uber送禮，用Uber去朋友家拿名產、食物。然後把省下來的時間拿來處理我，畢竟拎杯好歹也是金主。

例如：每兩個月的月底，她可以連續花三天三夜幫我看公司的帳、做帳、看公司與我個人的每一筆發票跟花費，她可以耐心的看員工出差每張發票的時間跟地點有沒有誤差，這對於我們這種窮人家出身，數字不敏銳的人來說真的是太困難了。然後在過年大掃除的時候除了家裡的傭人，還另外請了鐘點阿姨一起來幫忙打掃。

她最常提到的是，你只要在每次要付出勞力或DIY時，精算一下投資報酬率，就能判斷適不適合，而不是一昧的認為自己來比較划算。例如：家裡鎖頭壞了，我說明天找工坊同事來換一下。她說：「不用！我找巷口鎖行來換，一千五連工帶料，未來隨時有問題，他隨叫隨到。你的員工半天工資都不只一千五了，然後還要千里迢迢從五堵來到大直。」

雖然我常常嘴巴很硬的反駁她：「自己處理一下很快的，為什麼要給別人賺？」但有時候認真想想，有錢人的想法，真的跟我們不太一樣。富養的小孩，好像比較會奴役金錢，而像我們這種苦過來的家庭出身，比較容易無意間把自己變成奴隸，總是會莫名為了點小利，把時間跟勞力給賠了進去。

再舉個旅行的例子好了，單身認識我老婆之前，因為是男生，所以我每次出國旅遊幾乎都是找那種可以睡覺，乾乾淨淨的飯店就好，而我老婆則是那種一定會訂四星五星飯店的人。我也曾經跟她討論過，出國旅遊大部分時間都在外面，住太好的飯店好像有點浪費。

老婆給我的富人論點是：一般市區的星級飯店，幾乎都在交通方便的地區，旅行時常常會在景點與住宿間來回，所以可以省下大筆交通費用。星級飯店附的早餐會讓你一大早開心展開一天的旅程。而且其實如果認真計算價差，星級飯店並不會比你住普通飯店，然後早上到處找早餐所需要花費的時間成本、交通成本跟餐飲成本來得昂貴。尤其在你一群人或是家族旅遊時，人多口雜，為了吃一餐往往得耗費大量討論的時間成本，跟精力成本更是不成正比。既然飯店有早餐，大家就沒什麼好討論的，直接一早各自輕鬆的在餐桌前坐下來，聊聊昨天的景點趣事，討論討論今天的旅遊計畫。

當天逛完景點以後，回到飯店能有一個舒適的床、美好的浴室、泡個完美的澡，也會對你第二天的精神與體力恢復有很大的幫助。

再來就是星級飯店的服務，可以幫你代購代訂，解決很多旅途上你需要親力親為浪費時間的瑣事。

最後最後就是，就算你某一天不想出門，星級飯店裡面的設施也足夠你在飯店輕輕鬆鬆度過一天。

嗯！富養長大的都市小孩，看的格局確實跟鄉下人大叔不太一樣。

#已婚男是種回到家脫下襯衫洗完澡，一放鬆，智商瞬間變成五歲的奇妙生物。

#富養的小孩比較會奴役金錢，苦過來的家庭出身，比較容易把自己變成奴隸。

5. 有錢才有自己

女孩！請妳必須有錢，不論妳將來打算嫁入豪門或安穩的小康家庭，還是二人白手起家打拚，甚至是優雅的單身生活。請妳一定要有錢，而且是要有自己的錢。

常常有些小女生開口、閉口閒聊總說：「將來嫁入豪門就好啦！幹嘛努力上班那麼累。小S真幸運、孫芸芸好好命，嫁入豪門住帝寶，有自己的百貨公司、有自己的事業。」可是親愛的，妳會這樣膚淺的看待這件事，終究證實了，妳連豪門邊都沾不上，搬不進帝寶的道理。

小S有自己的演藝事業，即使嫁入不愁吃穿的家族，依然願意在舞台上賣笑、賣醜。孫芸芸有自己設計製作的潮流服飾和珠寶飾品，甚至半夜在攝影棚裡，敬業的配合一支支廣告拍攝。聰明的女人會知道，即使嫁人豪門依然要保持自己在社交的話語權。

擁有社交話語權，才會保有在豪門的自主權；保有職場的超能力，才能保持在男人眼中的魅力。聰明的她們都知道，雖然男人總說女子無才便是德，可是他們其實最怕無趣的女人。

女人一定要有錢，要有自己的錢，擁有自己賺錢的能力。千萬別因為走入家庭，而放棄賺錢的權利跟社交的能力。妳可以是家庭、事業兩全的上班族老婆。妳可以是在家帶小孩、操作團購的時尚媽咪。妳可以在夫妻一起打拚的公司裡擔任經理、會計、財務大臣。妳更可以是擁有自己的事業、企業、集團的老闆，同時是溫柔的賢妻。

我的好友是台灣網購飾品龍頭的老闆，初識的那一年，她剛離婚，帶著女兒，一邊上班一邊在網路兼差賣包飾品。當時雅虎商城正崛起，她的事業扶搖直上，有了自己的網路商店，成立自己的企業總部、工廠，進入百貨設專櫃，變成年收上億的女企業家。事業上軌道的那一年，她二婚，找到疼愛她的男人，也疼愛她的女兒。

一起吃飯閒聊時她說：很慶幸。在第一段婚姻裡，即使嫁給家大業大的老公，明明可以當個少奶奶，她卻不知哪根筋不對，竟然沒有離開職場繼續上班，明明是個從小就渴望走入婚姻相夫教子的女孩。

因為有上班的收入，她才有勇氣帶著女兒離開不斷偷吃、靠收租不愁吃穿的富二代老公。也由於沒有因為婚姻而離開她熟悉的電子零件採購職務，讓她從創業進貨到勇闖大陸設廠都沒有太艱難，就像老人家說的，職場上所有的風雨，都會成為將來打怪的技能，真的沒錯。

現在老公在她自己的企業裡上班，就是標準的朝九晚五上班族，每天早早回家陪女兒，她說：「我從小渴望走入家庭婚姻生活，可是天不從人願。那我就自己打造一個專屬的家庭生活吧。」

另一位台中網友，我們在雅虎交友的年輕歲月裡認識，她從年輕時就是股市活躍戶，靠股利擁有自己的房產，過著美好生活。我們一直在網路裡來往，認識將近二十年，每次想碰面卻總是陰錯陽差錯過。幸好有臉書，讓我們一直覺得對於彼此的生活跟這幾年的故事，都像互相參與經歷一般熟悉。

讓我非常驚訝的是，這段期間曾經兩次在臉書動態上看到她的婚禮，她的第二段婚姻已有一個小男孩，大概跟我小女兒一樣大的年紀。看著她全心投入在媽媽的角色，帶孩子參加姐妹們的聚會、帶著孩子跑才藝班，一會兒是兒子騎車、兒子畫畫，一會兒做科學實驗，最近則是一身賽車服在賽車場賽車。

當然也一直持續看到她跟姐妹們的紅酒趴，或是一大群孩子跟媽媽們在山上、海邊度假屋的三天兩夜團體照。我想媽媽這個職位，她做得很稱職。對一個當年無酒不歡、無派對不跑的女孩來說，她也把媽媽這個職稱發揮得淋漓盡致。

沒有錯，就是沒看到爸爸。她的第二段婚姻，如各位所想，依然是不完美的。她沒有想要聊這塊，我也就沒有主動去問。我想離不離婚對她來說不是重點，因為她靠著持股，已經可以過上無憂無慮的生活了。她有自己的房子、自己的孩子、自己可以決定的生活方式。

她說：「我覺得現在這樣子的生活很好。」

我說：「妳是不是詐騙集團？感覺很像女強人騙婚，借腹生子耶。」

單身的時候請妳盡情保有妳的才華，努力擁有賺錢的本事，即使是個上班族。如果妳決定單身，或是也不知道為什麼總是跟好男人錯過而單身，那麼擁有賺錢的能力和自己的錢，是可以確保妳的身、心、靈獲得自由的不二法則。

單身時期的經濟獨立，可以讓妳在愛情的世界裡不需要委屈求全；可以讓妳在遭受委屈或傷害時，帥氣的舉起手招輛車或刷張機票；可以讓妳在小氣男的飯局上帥氣的點餐，帥氣的打開皮夾說：我來！

曾經聽過戀人出國旅行，因為首次共同生活那麼多天，種種生活習慣和價值觀的不同浮現檯面，半路上就吵到不可開交而分道揚鑣。

男人喜歡苦行僧似的走法，到曼谷做ＳＰＡ太奢華，到巴黎泡咖啡館沒意義，到英國沒興趣看博物館。而女孩說的是，兩人難得出國，跟旅費比起來，這些費用根本不算什麼。離開了這地方，或跟不同人來，就算做同樣的事也沒有相同的感覺了。於是女孩提議分手，自己完全掌握想要的美好旅途。

大叔想說的是，努力賺錢，就是讓老娘在不想委屈時不必隱忍，想翻臉時可以隨時翻臉。

#保有職場的超能力，才能保持在男人眼中的魅力。

#雖然男人總說女子無才便是德，可是他們其實最怕無趣的女人。

#努力賺錢，就是讓老娘在不想委屈時不必隱忍，想翻臉時可以隨時翻臉。

Part 2

十八禁的事
不能等到十八歲　才懂

1. 老娘不給的，你不能搶！

那天女兒跟我說班上來了一個新的轉學生，是她的男朋友。當然她才大班，怎麼可能了解男朋友的真意呢？我想她就是喜歡跟他一起玩，覺得他是個可愛的男生，或者是一個有很多玩具的男生而已。但爸爸覺得還是有必要跟她好好的聊一聊，先寫在這裡，以免她長到聽得懂這件事的時候，我忘了提醒她。

親愛的女兒啊，這就是女人一輩子選擇男人的條件。只不過，喜歡跟他玩，可能會變成他具有幽默感，或是很貼心。覺得他是個可愛的男生，可能會變成他是一個帥歐巴，或者長得順眼。而他有很多玩具這件事情，在未來，就需要穩定的經濟基礎來支付了，這些就是妳將來選擇一個男孩子的模樣。每個人喜歡的類型不一樣，想要過的生活也不一樣。妳要選擇怎樣的男孩，爸爸一定全心支持妳，不會干涉。但是我要告訴妳，最珍貴的東西，就值得給一個最珍惜的人。

在妳十六歲之前喜歡的任何男生，都只能夠把他當成是一個很可愛、很好相處、有很多玩具，甚至是很照顧你的男生。在十六歲之前，你們可以當很好的朋友，但是絕對不能發生任何超過十六歲該做的事情。不然妳可能會吃上官司，他也逃不掉法律責任。

十六歲之前，不管這個男孩多傑出，甚至我多喜歡他，心裡多同意你們兩個發生兩廂情願的事情，但在法律上就是不允許的年紀。既然生活在一個法治社會裡，我們就得遵循法的規範，即使內心覺得它多不合理，或者覺得我們已經成熟到可以為自己負責，但法律終究是法律，除非妳脫離這個群居的社會。

雖然十六歲之後你們已經沒有任何法律上的問題，但如果妳問我，我的經驗覺得最美好的性愛會是在十八歲以後，當妳對所有事情跟所有喜好的人、事、物都了解的時候。那時侯的性愛，才是有喜歡存在，才是不勉強的。

爸爸不是一個八股的人，人們對於性的追求，本來就是與生俱來的，是甜美的果實。為什麼我會說十八歲以後的性愛才是不勉強的？在十八歲之前，大部分女生挑選男生都是很直覺的看上個性，或者是外貌，甚至是同儕間的群聚壓力，而自以為沉溺在愛裡的。

Judy 跟她男朋友親嘴了，Emily 就決定跟男朋友上床；看到 Emily 跟男朋友上床，Cindy 就急著想要踏上破處之旅了。這時候的男孩子就是處於一個血氣方剛的狀態，這時候發生的性愛幾乎都是男孩子的要求：「妳如果愛我就應該要給我。」「我只是放進去一下下，不會亂動。」這時候發生的性愛多是女孩子的挽留，很多小女生笨笨的認為，只要把自己給他，他就是屬於我的，他就會愛我。

在愛情裡面，千千萬萬不要有任何一絲一毫的勉強。應該是妳真正認為這個性愛的發生對於身心靈是美好的，對於性這件事情是感覺到享受的，而不是把妳的珍寶當成禮物交換或是愛情的贖金。

日子一直走、一直走，妳終究有一天會來到十八歲。雖然很不願意想像那樣的時刻來臨，可是我還是要告訴十八歲的妳：

十八歲以後妳能發生性愛，嚴格來說是。只要法律上的合法年齡來到，爸爸完全不會有任何意見。但只要妳還在跟我要零用錢，還在跟我說爸爸我要買這個；只要那個男孩還沒有任何謀生能力、沒有本事養活一個家；只要妳還沒有想要開始，一手抱著十幾公斤的小孩、一手提著全聯買回來的菜的日子；只要妳還沒有想要，每天晚上二寶餵奶到三點睡覺，早上六點還要撐著起床準備大寶上學的生活。我請求你們一定要做好所有保護自己的安全措施。

爸爸再次告訴妳，所有事情，除非妳想要、除非妳願意、除非妳覺得性愛這件事情是讓妳感到愉悅的，而且妳很希望得到。否則千萬不要因為男孩子想要而匆忙給他，那樣只會讓妳變得不值錢。這句話不只是在十八歲的時候提醒妳，一直到八十歲都請妳要牢牢記住。

只有妳把自己當成稀世珍寶，全世界才會懂得追逐跟珍惜。

拎爸就是個活生生當過男孩子，而且年少荒誕史大概可以出三本書的精采程度。我聽過太多太多，也用過太多太多想要得到女生身體的藉口、想要得到性愛的謊言。我請妳一定要記住，在十八歲到二十二歲這幾年，妳所交往的男孩子99％可以肯定、確定，絕不會是妳最後的選擇，很多戀人在我們的人生過程裡，終究是個過客。

他只是在妳達到愛情的終點或成家立業的起點前，不斷磨練妳的配角。透過這些愛情的歷練，偶爾會有欺騙我們的人、辜負我們的人，甚至是玩弄我們的人，最後才會遇見那個我們真正想要、真正合適的愛情。所以千萬千萬請妳記得，所有不是出自妳內心與慾望的要求，請妳勇敢的說不。

也許他會哀求的跟妳說：「我那麼愛妳，請妳給我。」

也許他會跪著跟妳說：「如果沒有得到妳，就沒辦法證明我擁有妳。」

也許他會卑微的淚流滿面的跟妳說：「我對妳這樣全心全意付出，妳連一點小小要求都不答應，我覺得我很不值得。」

甚至於他有可能跪下來，甚至他有可能傷害自己，甚至他又可能賭氣，甚至他有可能用分手威脅妳。

但是我想要告訴妳一個最簡單的道理，真正喜愛妳的人，他會尊重妳的身體，不會要這麼多把戲。

接著來到二十二歲，這時候的妳，心智應該已經成熟到一個程度了。

而我也相信，一個心機這麼深的爸爸，女兒應該也不會笨到哪裡去。這個時候如果妳要瘋狂的追求性愛，爸爸不反對；但妳如果想要把最好的留給妳最珍惜的人，爸爸也尊重。唯一要告訴妳的是：

是我就不會這麼笨，人生就這麼一趟。如果我有能力一定又買超跑、又買貨卡、又買越野車、又買休旅。如果沒有都開開看，怎麼知道我們適合什麼車子？買車從來就沒有不試車的道理，對吧？但是想要盡情享受人生，前提就是不管試什麼車，換什麼車，都要買好保險。

只要妳還沒有決定走入家庭生活，一定要記得爸爸說的，十八歲以後口袋裡面一定隨時要放個保險套，沒有人會為妳的人生負責，尤其是男朋友這種動物，幾乎都是全世界最不負責的東西。

#十八歲以前的性愛幾乎都是男孩子的要求、女孩子的挽留。

#只有妳把自己當成稀世珍寶，全世界才會懂得追逐跟珍惜。

2. 用力戀愛，勇敢做愛

大叔要聊的這件事或許不見得每個人都認同，但我會提出來分享，是因為幾乎每個我身邊的玩咖女生朋友，當她們認真上岸後，個個都成為賢妻良母，甚至在家庭的角色和母親的職位上，都稱職得嚇掉大叔的門牙。

關於愛情妳談夠了嗎？關於性愛妳嘗夠了嗎？我們總是很難公平看待女生談戀愛這件事情。

如果一個男生有多個女朋友，甚至不斷談著短暫的戀情，社會評價普遍給予稱讚多於責備，尤其在男性同儕裡，這個人簡直就是個英雄、偶像。相對於女生，即使三五年才換男友，只要下段戀愛時間點沒有隔太久，很可能就會被假讚美真揶揄的調侃她無縫接軌。然後只要聽聞她談過兩三段戀情，就會被竊竊私語，說她男伴換得好頻繁。

因為這些世俗眼光，女孩們往往不敢勇敢的去談戀愛，勇敢的去認識好男人。甚至故意拖延，心想：「太快有新戀情，人家會說話吧？」但世俗又快速的幫她加上了一個大齡剩女的稱號，順便責備了她很挑。

女孩呀！人生不該白來一遭，當妳二十幾歲，成熟到可以開始判斷人生的時候，大叔建議妳要盡情的談戀愛，盡情的享受性愛。

當妳十歲的時候，最大的願望是能有一架鋼琴，可是當妳來到了三十五歲，妳想要的會是一個展演廳。

每個年齡談的戀愛，都會有錯過就不再的美好。

二十歲那年，當那個男孩騎著摩托車不預期的出現在妳家門口，載著妳從台北出發，繞過墾丁、走往台東、經過花蓮、落腳宜蘭，然後再回到台北，沿途的擁抱跟汗水會是妳一輩子難忘的美好。

但三十五歲的時候，如果有個男人在半夜騎著重機來到妳家門前想給妳驚喜時，妳只會問他在供三小？

男人說：「我們去環島？」妳只想說：「老娘筋骨不好。」然後各自回家睡覺。

二十歲的性愛是一早醒來，碰到就會有觸電的感覺，連續三天不下床，叫完外賣繼續搞。妳可能會經歷在野外、在車上、在海邊、在舞池、闖紅燈，甚至是他把室友給關在門外，然後把妳的嘴摀起來。

三十五歲如果不是久別重逢，得到的答案大部分都是男人說：「我明天要加班。」或是女人說：「我姨媽快要來。」

大叔的人生有好一陣子，常常在假日跟著一票八點檔好友們在酒吧鬼混度過。所謂的八點檔就是，從吃過晚飯的八點開始喝，一直到最後吃完永和豆漿或涼麵回到家，剛好是第二天早上八點。

這個故事主角是我那遊戲酒吧的好友Ruby，我們常常開玩笑說，酒吧裡大概只要她有打招呼的男人都跟她有過一腿。千萬不要才說完，你就舉一反三的想問大叔跟她有沒有一腿，別問，說出來你會害怕。

基本上Ruby應該從來沒有在單線的戀情上行進的。也就是說，她很容易愛上一個人，但又不敢在愛情裡投入，於是常常兩三線的在戀愛裡平行游移進行。每次我們虧她不安分，她總是說：「啊老娘就沒被餵飽啊！」大家甚至開她玩笑說大概只剩美系黑人沒交往過了。但我們都了解，她只是用性慾來掩蓋她對愛情的沒安全感。

說到這裡，應該很多人心裡就要冒出問號，這樣應該算是縱慾了吧？沒錯！我個人也認為這樣是縱慾，但我想反問的是，縱慾難道不能成為一個談戀愛或選擇終身伴侶時的標準嗎？

假使她縱慾，尋找的是同樣跟她一樣性慾時時高漲的另一半，也都覺得完美的性愛比吃飯還重要。然後他們又有著世俗眼光裡良好的職業、美好的經濟能力，又是一對完美的父母，那這樣算不算是天作之合呢？

你說世界上是不是真有這麼完美的事情？Ruby後來真的跟一個明尼蘇達來的非裔美人機師結婚了，生了一對龍鳳胎，是Ruby歷經千辛萬苦的試管做來的。因為小孩早產，夫妻倆經歷了三個多月提心吊膽的醫院生涯。

Ruby當媽媽後去考了營養師的執照，因為她想把時間留給小孩，陪伴他們長大，現在Ruby不跑趴、不跑夜店、不走酒攤，甚至連我們幾次的小孩家庭聚餐，大家喝起啤酒，她也敬謝不敏，因為她要負責開車載全家人回家。

臉書裡盡是他們夫妻跟孩子的照片。我曾經幾次跟她聊天時戲謔的問：「還繼續瘋狂性愛嗎？」她說：「每天顧小孩連睡都睡不飽了。」

另一個女孩Cici最常掛在嘴上的就是：「老娘又還沒嫁給你！」

Cici是一個把媽媽說的「婚前要多比較多看看」當作金科玉律，貫徹執行得最澈底的女孩。不知道她媽說的其他事情，她有沒有這麼聽話。

她的一段酒後聊天讓我印象非常深刻：

我不說山盟海誓，也沒到非君不嫁的地步。我喜歡跟A男聊天，因為他幽默風趣；我喜歡B的見多識廣，帶我看透世界；至於C當然是上床的好對象。人類本來就不專一，而且是貪心的動物。

女孩有了柏金包，也會想要凱莉包。而男人，那次Porsche 911的小改款能不讓你有喜新厭舊的衝動？所以我說劈腿根本就是人的天性。我覺得劈腿者最惡劣跟該被撻伐的是，他們太輕易說愛，太容易承諾，太快說你是我的唯一！

我渴望很多愛情，所以我從不對男人說非君不嫁。遇到喜歡的，我會勇敢跟舊愛說不愛了，然後勇敢追求新戀情。這樣還會有什麼劈腿的恩怨情仇呢？

喜新厭舊或移情別戀都是人性。渣的是，不敢勇敢說不愛了，又希望留著舊愛繼續曖昧不願離開。

哇！大叔真是上了一課！

不過Cici前陣子也上岸了。老公長駐國外，臉書上依然會分享著她的精采夜生活，但大概十分之九的動態，都是白天跟五歲兒子相處互動的恩怨情仇。她說她玩過太多男人了，所以現在是來還債的，幫別人養老公。

我個人覺得，性愛完全是婚姻生活，以及人生擇友、擇婚條件裡面非常重要的一環。只要認清楚自己要什麼，我個人是非常建議女生應該勇敢追求愛情與性愛的。去追求一段甜美的愛情，去追求一個美好的情慾，不好吃的不入口。

但請妳珍惜自己的身體。縱慾跟藉由付出身體得到認同與愛情，或是酒後不管跟誰、胡亂找人交配的行徑是不一樣的。真真正正的重視情慾、享受性愛，那是經過妳個人挑選過、評估後，覺得不吃可惜、錯過不再的，誰也沒辦法勉強妳的自主決定。

在整個談戀愛的成長過程，都該是妳自主決定的。不管是追求性愛，還是追求純粹心靈上的交往，都該真正確認清楚，自己想要的是什麼？所以一旦下定決心，決定跟某個人相守一生，我相信那都會是妳經過審慎考慮的成熟決定，未來不會後悔，能夠牽手到很久以後的一段關係。

最可怕的，是那種在談戀愛的時候，完全不去探索自己對於性慾跟愛情的想法與需求，還背著世俗的包袱，說著要把最珍貴的東西留給對的人。但往往在開獎以後，才發現身心靈各種不合適，導致婚姻關係沒辦法繼續走下去。

通常「想要把最珍貴的東西留給對的人」這件事情，到最後會發現我們留是留了，但都選錯了人。你我周遭認識的那些所謂天作之合或不食人間煙火的情侶，到最後因為性愛各奔東西的，相信並不少見。

所以女孩啊！如果妳還單身，麻煩請妳用力戀愛，勇敢做愛。

每個年齡談的戀愛，都會有錯過就不再的美好。

移情別戀是人性。渣的是，不敢勇敢說不愛，又留著舊愛繼續曖昧。

去追求一段甜美的愛情，去追求一個美好的情慾，不好吃的不入口。

3.

台女只是台男的自卑產物

網路上有一個奇怪的統計研究，人們說：如果你搜尋時輸入台灣女生或者是台灣人，出現的資訊都是很正向的，例如：美麗、可愛、看不出年齡、有人情味、勤奮、聰明、會做生意。可是如果你搜尋的是「台女」二字，得到的資訊大概都是公主病、工具人，甚至是洋腸、好上等等非常負面的評價。而這些字眼，多半是一輩子在螢幕前面抱著鍵盤，沒有跟女生交往過，跟女生講話都還會發抖的「台男」給的定義。

認真覺得會在那邊講台女怎樣怎樣的，只是在彰顯男人的無知跟無能而已，台女愛怎樣、會怎樣，都是她們個人的喜好，甚至是她們人生成長過程中養成的選擇。今天不管台灣女生的要求是什麼？在你認知中又是如何無禮或不可理喻。我只想請問，她有沒有主動來邀請或要求你，對她怎樣做、怎樣服侍她，或要求你來追求她？這才是你有沒有資格批評的重點。

你說：台灣女生喜歡把男人當工具人。那我就請問：為什麼你好好的人不做，就要去做工具人呢？你的原始出發點不也是想騙人家尿尿的地方嗎？

很多男生很奇妙，一個願打、一個願挨，所謂工具人，在男性的定義裡不外乎就是，因為喜歡一個女生，對她噓寒問暖的追求，甚至為了取悅她，不惜去做些心不甘情不願服務性質的雜事，結果郎有情妹無意便腦羞成怒。論工具人，有人覺得幫忙買一杯迷客夏就想撈點便宜，若女生不給，就說自己被當工具人；但也有人的氣魄是送一輛跑車也不當一回事。那也只能說，人的高度決定了你當工具人的準度。

工具人這句話，某種程度顯示我們的家庭生活跟教育對於正常社交的訓練不足，男孩以為追求就是送送禮物、做做勞務，用苦行僧的角色來取悅對方，甚至在追求時不斷壓抑、壓縮、弱化自己，然後得手後現出原形，換來女孩或妻子的一聲：騙子。

而女孩，不懂該如何拿捏親疏，以為愛我就是要以我為主，於是不斷用要求來測試對方能愛自己有多深。最後才感嘆：男人婚後婚前不一樣。而對於自己沒興趣的男人，也不知道如何拒絕，甚至故意不正面拒絕，想展示自己的行情好，享受服務的曖昧，在在給人錯覺。於是在對方長時間送花、送早餐、接送、幫忙搬家，可能只差沒幫洗內衣褲跟幫買保險套後，得到女孩一句：我們只是朋友。男人便開始抓狂。

但一個願打、一個願挨，真的沒有人拿刀逼著你，男人努力付出後若得不到相同的回報，不是得要鼻子摸摸，卵葩捏著，承認自己的不足嗎？上網詆毀討拍，也只是顯得自己高度不足、風度不夠。畢竟，如果人生所有努力都會得到相對的回報的話，那每個人都是郭台銘了。

你說：台女都有公主病。公主是一個比較性質的名詞，你感覺的公主生活，或許只是某些人眼裡下女的生活。每個人的生活成長背景不盡相同，經濟能力也不一樣，每個家庭培養跟教育一個女孩也絕對不會有SOP。有人國小二年級即被訓練獨立走去學校，也會有人司機一直接送到老；有人一直到婚後蜜月才捏過機票，有人從國小就是每年暑假飛去美國參加夏令營。擅自拿巷口車輪餅跟Lattice比較，批評別人有公主病，不見得厚道。

你覺得餐餐要求吃夏慕尼已是公主的行為，可有些女孩就是從小認為米其林是一般私廚的日常；有人以為開著賓士就是把妹無敵，卻沒想到女孩從小就坐著賓利。日常生活到處可以遇見生活背景跟經濟能力有極大差距的公主，我不覺得公主行為是病，要不是你自以為王子或國王，不然是誰給你勇氣跟自信心去招惹公主？

公主的養成真的不是問題，有能力有財力，誰不想將孩子培養成王子、公主，如果你把公主二字只放在物質上那就可惜了，琴棋書畫跟國際觀具備才是公主內外兼修的養成。同樣的蛋糕，每個廚師、飯店、甜點坊的用料、作法、成本不同，定價自然有高有低，有些還要排隊，主廚甚至不賣給品味不相同的人。

所以你又怎麼可以認為，每個女孩都是你可以招惹的，如果不為你委屈求全、遷就改變，就是有公主病。難道是因為電影裡的富家千金都可以為了浪子改變嗎？我老實告訴你，電影跟故事書都是騙你的。

我很喜歡沈玉琳講過的一句話，不要去抱怨老婆要求太多，你只能檢討自己是不是賺得不夠多。東西貴從來就不是它的問題，問題是你的口袋不夠深。公主從來就不是病，有病的是你沒事去招惹公主，而且還惹不起。至於你們口中抱怨的，不是真公主還硬裝公主病的，你若沒有想要騙色，那她怎麼裝又關你屁事。

再來說到台女就是喜歡洋腸，試著想想，會不會你認為女孩只喜歡老外大洋腸的這點，只是一種自卑的錯誤判斷？而老外的風趣幽默或者對感情的尊重和保持自由才是女孩追求的重點。又或者這女生並不是在尋找天長地久的歸宿，而是心靈跟性愛的契合而已。她只是想要好好享用一客牛排，並不想把整頭牛打包回家。

剛好你能夠拿出來說服自己輸給老外的，只是你的老二比較小，所以比較吃虧。可是瑞凡啊！我同意老二大對女性有很大的吸引力，但你知道嗎？很多老外也很擅長用手指頭跟舌頭幫女伴服務的。

你口中台女的每個毛病，都有其背景，如果你不是相同背景跟等級層次的人，為什麼要去招惹？為什麼不去選擇一個溫良恭儉讓、知書達理、沒有公主症頭，還願意陪你刻苦耐勞、把你當主子、吃苦當吃補、一起打拚，然後又不在乎性愛是否美滿、你老二大不大的人當老婆？

嗯！你慢慢等吧！

#如果人生所有努力都會得到相對的回報的話，那每個人都是郭台銘了。

#公主從來就不是病，有病的是你沒事去招惹公主，而且還惹不起。

4. 女孩對車子一定要略懂

以前在廣告公司工作的時候，由於那個年代廣告這個行業還算是學子們畢業後的前幾志願，常常會有一些優秀的傳播學院在校生到公司來實習。那年有個實習生來媒體部實習，輔大傳播的妹妹，臉蛋長得美美、身材瘦瘦高高的校花級女孩，穿著看得出是一種急於長大，想要快速在彩妝穿著打扮上融入媒體圈的這些花蝴蝶姐姐們。那年，電視台剛開始開放頻道，大家百花爭鳴，廣告商想要搶買熱門媒體時段，還得配搭阿薩布魯冷門節目，這些姐姐們不算業外收入，也不算客戶私底下的進貢，光是薪水加獎金平均月收入六位數以上，都算是不敬業的了。

妹妹從第一天報到的青春活潑女同學，一週後變身不合身套裝、鞋子不搭的ＯＬ，到一個月後已經開始能駕馭窄版的DKNY和ＬＶ水桶包了。某次在基隆路的酒商客戶開完會，搭電梯下停車場取車時，忽然傳來刺耳的隆隆引擎聲，妹妹嘟囔著說：「真好，我長大也想要交個開保時捷超跑的男友。」

我一抬頭，一輛鵝黃色的老三菱日蝕，駕駛座上染著頭髮，有著87分8＋9樣的年輕小伙子，載著個貌似職場新鮮人的年輕ＯＬ從我面前滑過。車上年輕妹妹下巴抬得老高，從她居高臨下、校閱群臣的眼神中，我差點也以為那是輛保時捷。

女兒啊，在妳六歲這一年，年輕姐姐們喜歡掛在嘴上的是：「寧在寶馬上哭，也不在摩托車上笑。」但爸爸想告訴妳的是：「我們不哭。我們不在寶馬上哭，也不在摩托車上笑，我們自己就是寶馬，騎摩托車也就是想要兜個風。誰犯賤了，會想找個男人來討哭的？」

但女孩請妳必須知道，寶馬不只有分等級，還得看年分、型號，型號不優的BMW還不如一輛Toyota。年分不對的換不了腳踏車。

我們只要自己夠好，到哪都能笑。

騎摩托車也沒什麼不好，但不是騎摩托車的都能讓你笑，更別說一些不長進的，始終認為他的破摩托車就是傳說中的寶馬。

透過車子來了解男人，我個人覺得是個滿有趣的方式。

稍微有個性，想要假掰的男人很愛搞老車。而搞老車有兩種：年輕時口袋輕薄，喜歡強調與眾不同的男孩總喜歡搞輛舊車，年分不夠老、型號不夠高，充其量也只能稱得上數量較少（都快報廢光了，還能不稀少嗎？）這類車有幾個特點，大多是花了十三萬買來，要再花個三十三萬修好。運氣差的修個一百一十三萬也不無可能。冷氣不冷、坐椅不爽，三不五時老爺脾氣一來就罷工。於是在維修廠的時間比在家長，搭拖吊車的次數比載女友頻繁。通常這類男孩就只有這麼一輛車，所以女友如果看到男友又騎摩托車出門接她，大概都能猜到一二。

事業有成的男人，也學著有錢沒地方花，開始玩古董，但好處是通常這些男人都有兩三輛代步車或是最新款的車在車庫，花個幾百萬買輛經典古董車，只是滿足小時候買不起的夢想，而這車只負責禮拜六早起跑跑山，或者禮拜天晚上自己蹓蹓海邊。這類男人很少會開古董車帶女友、妻子出門，一來是太愛它們了，不想別人碰。二來是這些男人都了解，老爺車發起脾氣來可不是開玩笑的，所以家裡必須要有幾輛正常的代步車，才有資格滿足小時候的夢想。

所以妳可以分辨出有責任的品味男人，跟不負責任的個性男孩了嗎？

有些男人開著一眼就讓人看出奢華等級的車子，而有更多女人是看到德系四大品牌就自動爬上去，看到雙B褲子就鬆到了膝蓋。但大叔想要提醒妳，燒旦幾勒！腳先不要急著掛上去，然後內褲稍微再把它拉緊一點，雙B跟德系在台灣根本就是個陷阱題。

因為台灣人太喜歡德系了，更是鍾愛雙B，所以它的汰換率非常快。

很多真正有經濟實力的人，喜歡掛著租賃牌，公司買一堆雙B，一來節稅、二來接送客人美麗又大方，很多雙B型號一落地，三年節稅期到，你幾乎就可以用國產車價格接手，所以很多打腫臉充胖子的小弟弟，不考慮高昂的維修保養、稅金、油耗、利率，只看到車商寫的五萬頭期款讓你開回家，立馬簽下五年長貸合約。

畢竟女孩也都看這一套，所以雙B幾乎成為把妹的神車利器，但是、可是，江湖上一直流傳著一句：「賓士開C300，加油加三百。」相信大叔，它絕對不是傳言，而是真實發生的事情，甚至在大叔的職業生涯裡面，有很多廣告公司的同事會在月底的時候借錢加油。

所以妳懂了嗎？雙B的車子不是看Logo，而是看型號跟年分。這類型的車，一來保養費貴，三年以後就是大量耗財的開始，所以如果是用來節稅的，通常也是三年後會淘汰。

所以妳學會怎麼分辨出有實力、會節稅、青年創業楷模的男人，跟打腫臉充胖子就只為了把妹的渣男了嗎？

這些年流行開超跑，超跑有三種：

1、投胎選對，孔鑽得好。

2、網美、網紅、創投，網路發跡早。

3、把妹耍屌，租超跑賠到飽。

第一種，通常富二代和真豪門出門都有司機代駕，舒服最重要，會開著超跑的，大概是車都出門，只剩下這輛開起來最不舒適的超跑丟給臭小子開，不然就是真心出門跑山兩圈。這種人裡面當然還是有好男人存在，如果妳眼力夠好，不考慮豪門飯碗難端的話，那這款真的是撿到寶。

第二種，網紅、網美或是網路上的新創，瞬間大筆金錢進來，為了昭告天下跟廣大的網民、金主們、粉絲族群炫富，營造一種讓粉絲跟投資者嚮往的生活藍圖，連大叔都建議豪宅跟超跑一定要買下去，這種叫做投資成本。但女孩如果選擇這種男孩、嚮往這種生活，那妳心臟就要夠大顆，畢竟享受這樣的財富常常像在坐雲霄飛車。

至於第三種，要怎麼看得出來他是跟租賃公司租車充胖子？超級難！

有些人說看車牌號碼。但有錢人買超跑通常就是為了節稅用的，所以真正的有錢人、有公司的人，他的車牌大多是租賃碼。所以如果只看車牌，那妳很有可能會錯過真命天子。

這部分大叔只能說，觀察他對於整輛車子操作的熟悉度，甚至可以有意無意問他這個按鈕是什麼用的，再來就是打開一下手套箱（副駕駛座位前的置物空間），看看有沒有個人物品。但這些也都僅止於參考，因為車子太多的人，對於每輛車子的熟悉度也不一定那麼高，而有潔癖的人通常手套箱裡面什麼東西也不存在。唯一能求證的只發生在新聞上，超跑失控、自撞的跑馬字幕裡，我們才發現，原來很多超跑是租來打腫臉用的。

至於開著休旅車的，那可能是已經死會有著兩個女兒的好男人、好爸爸，所以妳也不用去費心研究。唯一需要看的是他是不是開著賓士V字頭跟Toyota的阿法，甚至勞斯萊斯跟藍寶堅尼都出了休旅，但這些都不勞年輕女孩妳費心了，除非妳對當小三有興趣。

#不在寶馬上哭，也不在摩托車上笑，我們自己就是寶馬，騎摩托車也就是想要兜個風。

#我們只要自己夠好，到哪都能笑。誰犯賤了，會想找個男人來討哭啊？

5. 男人最重要的就是嘴巴

在男人堆裡找男人，帥的、壯的、有錢的、有才華的、老實不會偷吃的，或是老人家常說的「醜醜ㄤ，呷不空」都是種喜好，也是種人生選擇。文史上教人挑選男人的文章更有千百種，相信網路上隨便google大概都有一百篇。例如：

「哪五種男人不能嫁？」「妳必須保持距離的十種男孩！」「如果男人xxx，妳就需要yyy……」

如果找男人可以用列公式和篩條件就萬無一失，那世上再無渣男，女孩淚腺必將退化。男人無絕對，愛情無完美。沒人能給妳打怪的祕笈，大叔只有根據自己是個渣男過去式的心路，知己知彼，整理自己的小心得，寫出來給女孩們參考。

但有一種男人大叔想要特別單獨列出來，那就是沒有口德的男人！每一段戀情，我相信除了年少輕狂好玩的那個年歲，不想定下來的短暫狂歡之外。大部分的女生都是抱著對未來的憧憬，以建構美好家庭為前提，全心全力、勇敢投入的。

但可惜的是，女孩呀，並不是每個戀情都會有著美好結果，也不是每段婚姻都會跟妳走到白頭偕老。這些男人將來都會掛上上一任、前男友、前夫，甚至是前晚砲友的頭銜。在愛情裡我們很容易全身投入，也不忌諱赤裸裸的呈現自己，甚至沒有防備的讓對方看見自己的缺點。所以在愛的旅程上，選擇一個有口德的伴侶是多麼的重要。

我曾經在爆料社團看到某個男人留了一段話：「我的前女友，胯下有魷魚味。」當下內心的OS就是：又一個廢物男！到底是要多廢、多無能，才會用傷害女人、傷害前女友的方式來找到在社群媒體上的存在感。

果不其然，po文不到五分鐘留言數破百、一面倒的幹譙！

「你趴在胯下舔的時候，踹你也不走了吧！」「未看先猜，老二一定很小！」「分手不能當朋友，也不該口出惡言。」「渣男！」

一直很欣賞，分手不出惡言、離婚後還不斷讚美著前任的那些人們。

那是一種因為我們互相不適合，又或是隨著時間的互相成長，兩人已不在同一個頻道上，於是我們不再在一起了，但我要你幸福的祝福。

那是一種即使我不愛你了，你背叛我了。我即使有怒、有怨，也不傷人的氣度，是一種分開已是劇情終了的家教和修養。

之前三人女子團體的S小姐離婚了，律師丈夫和S小姐在公開場合沒有任何的漫罵、詛咒、惡言。有的都是公開平和的聲明，即使律師丈夫立即交了女友。S小姐仍是一副我們已經分開，一切已與我無關的平靜。

我相信事情絕非他們在公開場合說的那樣淡然，畢竟是深愛過的人，而且牽手度過了S小姐的生死難關。但他們就是展現了一個很好的分開方式，即使女方的爸爸是大砲的個性、機關槍的嘴巴，也沒有看他在任何公開場合發表這件事情。

其實男人有沒有口德，從一開始跟他交往的時候或多或少就會發現。某些男人很愛跟朋友分享昨晚把了誰，上了哪個妹。或是那女的多浪，多會叫。甚至連自己的女朋友床上事蹟也拿來嘲弄。我其實不是很能理解，這種把性事私密搬上檯面跟兄弟們互聊的出發點是什麼？是想展現你的勇猛，還是展現你的無知？

我也知道很多女生會在閨蜜間，大聊男朋友的尺寸、長度、時間，甚至是技巧。但我覺得畢竟男女大不同，男生被女生拿上檯面來聊，再怎樣男生頂多是笑笑而已，甚至越多女生聊，男生還會覺得自己行情越好。但男人聊女人就不同了，你有沒有想過，今天跟兄弟、朋友聊你的女人，假設明天分手了，你的兄弟們會怎麼想、怎麼看這個女孩？甚至有些男人，是昨天才得了便宜的一夜情，就立刻拿出來聊，如果昨晚的女生並不是玩咖，對你真的是一見鍾情，拿最珍貴的東西賭一把。但在你的兄弟們的心目中，這個女生又會被貶低成什麼樣的身價了？

還有另一種男人，很愛跟現任女友、老婆聊聊前女友。在戀情剛開始的時候，很喜歡聊前任女友的不是、不完美、不上道，似乎是一種講前任的缺點，就等於間接讚美現任的概念。

其實這樣只會讓現任女友覺得這個男人很蠢、很無能，如果這個前任這麼不堪，這個女人這麼不優秀，那你當初是不是瞎了狗眼，才會連這麼一個不優秀、不完美的女人，都留不在身邊？

還是想要踩踩前女友，顯示本人的高檔跟不凡，妳能夠被我選上、跟妳交往，是妳上輩子修來的福分。妳看我已經打槍掉多少女人了，而妳又是在多少淘汰者中脫穎而出呢？

其實男人根本不懂女人，尤其這種心思不細、嘴巴不牢的男人啊！跟現任女友數落前女友的不是，根本是自殺的行為。你真的以為女友會想聽你說前女友的事？你數落了前女友的不是，女孩就會覺得你好棒棒，拍拍手嗎？

實際的情形是，不管前任女友再怎麼不是，你終究曾經跟她上過同一張床、蓋過同一張被子。如果好死不死，你們兩個現在躺著聊天的床又是同一張，被子又是同一條的話。女人眼裡是容不下一粒沙的，即使你說的是前女友的不堪，對她來說終究是眼裡的一粒沙。只不過是大顆或小顆的差別而已。

曾在夜店趴上聽一個女孩說，她把臉書上的一個床伴，吃好倒相報，轉給她一個還不想定下來，還在遊戲人間的閨蜜。而閨蜜又把他介紹給另一個小時候的玩伴。我問這是一個表姐妹共吃一根棒棒糖的概念嗎？那這個男人應該有三十公分或是過人的技巧吧？

她說這兩點其實都還好，不差卻也不至於過人。會吃好逗相報的最大原因是，男生的口風緊，有口德。三十公分跟技巧當然還是會有一定的吸引力，但其實最重要的還是心理層面，有時候光用想的，女生都可以達到高潮了。所以對於我們這些出來玩的女生，男生有沒有口德反而是最在意的事情，哪一個女生願意在玩樂圈子裡被傳來傳去、加油添醋，最後名聲變得不堪。所以一旦有這種做口碑的男孩，當然要介紹給好姐妹了。

她說關於床伴這回事，好吃不黏膩、口風緊、口德好，比什麼都重要。跟他打砲打了一年半仔細觀察過，才敢介紹給好姐妹。不然誰想讓好姐妹知道自己在床上怎麼叫、有多浪？

我開玩笑說：「妳口風真不緊，沒有口德。」

女孩拿起背包笑著說：「反正我們兩個不熟，老娘又沒指名道姓，你根本不知道我是誰？說的是哪個男人？哪個閨蜜？我口風不緊，但我下面緊就好！」

女人啊，男人整天把女人緊不緊掛嘴上，妳們千萬記得也要找個夠緊的男人啊！

如果列公式和篩條件就萬無一失，那世上再無渣男，女孩淚腺必將退化。

男人整天把女人緊不緊掛嘴上，妳們千萬記得也要找個夠緊的男人啊！

Part 3

關於　男人這種動物

1. 他不是不愛妳，只是愛很多的妳

女孩，有一種男人他不是不愛妳，只是愛很多的「妳」。

很多人常常會說自己愛上花心男、渣男，或是一個不愛自己的人，抱怨所識非人、怎麼會愛上這樣的男人？但在大叔不算短的情場打滾歷程裡，我觀察到一個奇妙的現象，發現有一種花心男的定義是非常奇妙的：他並不是不愛妳，只是他愛上了「追求妳」跟「談戀愛的妳」。

有一種男人，他有良好的事業、得體的穿著、瀟灑體貼有禮貌，是很多女孩的天菜，簡直就是婆婆媽媽心中的「理想男人」。但在妳的印象裡、別人的嘴裡，他總是跟「常常換女朋友」的標籤黏在一起。又或者，每隔一陣子就聽到身邊某個女性朋友又為他哭泣、茶飯不思、要死不活的覺得空虛、寂寞、冷。

我們一般把這樣的他定位為花心男，一些富有正義感或心想「啃！女人都被這些人把光了」的宅男，以及別人吃米粉喜歡在旁邊喊燒的鄉民，會怒稱他們為渣男。大叔個人認為，其實花心男跟渣男在本質上，是兩種截然不同的生物。

把那種騙吃騙喝、裝逼、吹噓、到處沾惹女生，同時橫跨多單的男蟲叫花心男，認真是汙辱了花心二字，那樣的男生只適合叫渣男！渣男就是打腫臉充胖子的草包，即使有些有幸長得帥氣，但大多腹內還是草包。妳有沒有遇過一種，初遇是個帥氣男，乍看氣質也不錯，但認真的想跟他互動時，一開口的質感立刻讓妳想打電話叫 Uber。

質感不佳就算了，渣男幾乎都是喜歡吃在嘴裡、拿在手上，然後還盯著盤子，同時多線交往橫跨就是死罪！更慘的是，通常這種渣男的財務體質也不佳，話說他們的時間都分給眾愛人，心智都用來圓謊，財務怎麼可能健全？除非郭台銘是他爸。

為了新歡開始詐騙舊愛，左手拿了 Cindy 給他投資的錢，右手撒在 May 身上。為了營造多金形象，繼續詐騙。騙騙感情勉為其難可以說你情我願、男歡女愛，誰叫女孩傻，但用愛詐財就真他媽該死！渣！

真正的花心男，比較類似擁有許多名車的收藏家，他們有能力擁有豪車，也有本事照顧好車，他們努力追尋只為擁有心中的夢幻車種，全力投入只因想把它開回家。即使車庫早已爆滿，他們依然不放棄獵尋，所以要他選出最愛哪輛車，對他是一種責難。

有格調的花心男，事實上是很認真的看待每一段戀愛，他們不會在一段戀情裡有兩個女主角，畢竟他們太優秀也太忙了，根本沒閒功夫腳踏兩條船、安撫女孩們。通常他們在戀情裡會竭盡所能投入，早晚呵護、過節禮物，甚至是對女孩的食衣住行用心照顧，他們的付出是不求回報的。他們的愛情不是渣男那種，只以性為出發點，到處搜尋獵取下體，眼裡心裡只為騙妳尿尿的地方。

優質的花心男，他們心裡跟潛意識裡都在渴望一段愛情，卻對愛情的壽命沒有把握，以至於害怕進入家庭。他們也缺少時間分身投入婚姻，所以只要他跟誰談戀愛了，就會專心面對戀情，那是他的個性和教育使然，就如同他對待所有專業技能、學習和事業的態度一般。

與其說他們花心，不如說他們很喜歡戀愛、很喜歡追求、很喜歡愛情的氛圍與過程。但對於戀愛過後，必須進入日常的能力卻充滿了低能感。

第一，他們太忙了。忙到只能利用空檔呵護他的戀人，但可惜的是戀人跟夫人不同，沒辦法等你有空才想到她。

第二，戀愛是熱烈、甜蜜、瘋狂的。但感情卻是苦中帶甜、甜中有酸，還需要時間慢慢體會經營的。由於他談了太多戀愛，不斷在享受戀愛的甜蜜，已漸漸喪失對於一段穩定感情的經營能力。所以我們會看到花心男的戀情都很短暫，有時一週有時一個月，甚至也有可能是一年。

L是我認識二十幾年的好友，現在是某科技產業基金會全球唯一的亞裔總裁，你說他是台灣之光我想也不為過。現在四十幾歲的他依然單身，事業財富絕對是一般人仰望的對象，算是一個女孩心目中最理想的結婚對象。

當我們三十出頭還算單身型男時，曾在夜店裡度過一段不算短的荒唐歲月。曾經在某次閒聊中，我們互問對方，幹嘛不找個女人穩定的戀愛？為什麼不想定下來？然後我們異口同聲的說出，其實並沒有刻意不想定下來，只是剛好單身一直纏著我們。甚至還開玩笑的說出，因為太優秀了，所以身邊一直有誘惑妨礙著我們，不讓我們往穩定的道路前進。

前陣子看到我這好友跟某個明星在餐廳被拍的新聞，又讓我有感而發，想起那段花心男的歲月。

親愛的女孩，大叔告訴妳，人生苦短，如果妳覺得轟轟烈烈享受人生才不枉來這一趟，也認同在還沒決定走入婚姻殿堂前要把戀愛談好談滿，只想談一段很愉快的戀愛，有幸有結果很美好，萬一沒結果就單純享受戀愛過程，那我誠摯建議妳，優質花心男是個不錯的選擇。

他們有著無憂的生活，有相對好的經濟能力，以及看世界的動力，帶妳探索不一樣的世界。在戀愛的氛圍裡，他絕對會把他給得起的月亮給妳。優質花心男不是不想定下來，而是時間不剛好。所以幸運如妳，或許會在剛好的時間點，遇到一個想要上岸的花心男。

不過前提是，妳要先有能力辨別他是真正的優質花心男，還是兩手空空只想騙炮的渣男。

#渣男的財務通常不佳，時間都分給眾愛人，心智都用來圓謊，怎麼可能健全？

#花心男喜歡愛情的氛圍與過程，但對於戀愛過後進入日常的能力充滿了低能感。

#戀人跟夫人不同，沒辦法等你有空才想到她。

2. 委屈絕對求不了全

女孩們，我希望妳們很早就要相信，不管跟誰相處或是跟誰在一起，都不要委屈了妳的本性，也不要委屈了妳的感覺。老祖宗的智慧說：委屈求全。但大叔想說的是，只要是委屈，通常不只求不了全，還會讓妳的心破碎到無法癒合。

前兩天小女兒晚餐後跟我閒聊，三號同學說很喜歡她的橡皮擦，希望她能夠把橡皮擦給她，然後她願意當女兒最好的朋友。女兒告訴我她很想跟她們一起玩，也很想跟這位同學當最好的朋友，可是她又很喜歡這個橡皮擦，所以不知道要不要把橡皮擦給她。

我問女兒：「妳為什麼會很想要跟她們一起玩？為什麼她不願意當妳最好的朋友？」女兒告訴我，她們有一起玩，也是朋友，但她還是希望可以成為三號「最好」的朋友。

小女兒一直是個很獨立的個體，通常出去玩的時候，她都很能享受自己的時光，不太會在乎周遭人的看法，甚至是那種可以自己坐下來玩桌遊或者拿本書看的小孩。所以我對於她提出想要成為最好的朋友這件事有一點點訝異，或許是學校裡面的氛圍吧？

於是我問她，如果三號當了妳最好的朋友，可是妳少了妳的橡皮擦，那麼，妳是會想念妳的橡皮擦呢？還是會覺得跟三號當最好的朋友更開心？

女兒說，她跟三號一起玩會很開心，可是一起玩的時候應該也會很想念橡皮擦。

我說：「好！寶貝，不開心的事情我們就不做。如果委屈自己把橡皮擦給她，妳會一直想念橡皮擦，會一直不開心。如果她們想要對妳更好一點，那當然很好，如果她們不要也沒關係，因為妳有妳喜歡的橡皮擦。」

很多女孩在談戀愛的時候會習慣隱藏自己、委屈自己或是配合另一方，很多事情因為喜歡一個人、想要得到他的肯定而拋棄喜歡的人事物，或是對方不喜歡的事物。願意改變自己，去順從他的喜好。

可是親愛的，除非妳認為這段戀情只是一場短暫的戀愛，或者講難聽點，只是求一個短暫的體液交流，否則怎麼可能在未來的五年、十年都隱藏本性，改變喜好、委屈自己，而不爆發呢？

問妳喜歡吃什麼？妳說隨便，想著委屈自己，隨對方的便。明明喜歡吃日本料理，卻又不忍掃興，便跟著他吃牛排。他喜歡長頭髮，妳就不覺得洗頭、吹頭髮是一件麻煩的事情了。他喜歡女生溫柔端莊，於是妳把肚臍環都隱藏了起來，更有些人會莫名其妙的說：「我父母不喜歡刺青的人。」「我父母不喜歡有舌環的小孩。」

於是妳漸漸的迷失自己，然後換另一半抱怨，妳怎麼好像不是他一開始認識的妳？談戀愛裡面最可怕的就是為什麼妳跟以前不一樣？很多人的分手導火線都在這一句，卻從來沒有人去想過，原來對方喜歡上的就是原來的自己，那麼我們為什麼要去配合對方喜好而改變自己呢？這是連小孩都懂的道理呀！我不要我不喜歡，就是要大聲的說出來。

婚姻生活同樣也有這樣的問題，常常女生會想，男人在外面工作很辛苦，所以回家捨不得要求他跟孩子互動，不好意思麻煩他看小孩的作業，更不可能請他做家事或幫忙廚房的事情。靠！什麼幫忙？什麼麻煩？這叫分內的事啊！

我同意男人在外面一整天飽受身體跟精神的壓力，很需要留個片刻給自己，但有本事的男人就會懂得怎麼調適。男人回血真的很簡單，只要片刻的安寧跟發呆。你可以在辦公室多坐個半小時，抽根菸、喝杯咖啡、等車潮散去再整裝回家。或者車子到了家裡樓下停車場，在車裡的獨立空間聽個音樂、享受一段獨自的時光。又或者回到家裡坐在房間沙發上聽個音樂、休息個三十分鐘。一個有擔當的男人絕對可以充滿電力再出發的。

更何況試著想像一下，在家裡全職帶小孩的媽媽，勞心勞力的付出絕對不比上班族來得輕鬆。我當過全職爸爸，非常了解帶小孩是個體力活，孩子如何可以一秒把大人逼瘋。不然你可以問問看，十個媽媽有十一個寧願去上班，要不是因為想要陪著孩子長大，要不是因為社會新聞每天播出的保母虐童事件層出不窮，要不是 YouTube 上面一堆外傭打小孩，要是媽媽有機會選擇去上班，半夜都會爬出去的。

全職爸爸帶小孩後的感想就是，要是可以選擇上班，我願意無償工作，只要是讓我信得過的人幫忙帶小孩。如果妳是上班族媽媽，更是需要讓另一半知道並養成習慣，家事是兩個人的事，你在上班，我也在上班，所以煮菜、帶小孩、打掃家裡、瑣瑣碎碎的事情，不會也不該是我一個人的責任，當然，老公有錢請兩個保母加一個司機、一個傭人的不算，不然你就是乖乖的跟老娘一起分攤。

所有的男人都是大男孩，當妳委曲求全的縱容他或溺愛他，他只會覺得理所當然。否則就不會有那種令人瞠目結舌的男人，明明家裡有小孩，卻可以每逢週末就船釣個二天一夜，或跟著重機隊環島，不然就是天天不是在腳踏車的車上就是在往騎腳踏車的路上，或是每天晚上跑KTV跟夜店，種種令人匪夷所思的自私行徑。

女孩，千萬不要委屈自己，要勇敢的提出需求。當妳需要幫助、需要援手的時候，就要適時要求別人伸出手。通常委屈到了最後，就是一個大爆炸，這時候不管是妳要求全，或者別人要援助，都來不及了。

#委屈不只求不了全，還會讓妳的心破碎到無法癒合。

#除非有錢請兩個保母加一個司機一個傭人，不然就乖乖的跟老娘一起合攤家事。

3. 在別人的人生裡，妳沒有那麼重要

前兩天看到車友羅哥在臉書上買了兩輛新車，忽然讓我有點小小的感慨。大約一個月前，羅哥臉書的一則動態讓車友圈的大家動了起來，從內文得知大嫂病危，他聲淚俱下的拜託大家，幫他在加護病房的老婆祈禱。她因為癌症，走到生命的尾端了，羅哥希望大家的祝禱和念力，可以讓老婆無痛無掛的走完人生的最後旅程。

通常臉書上出現類似這樣的訊息，大家總是熱烈反應、分享，短短幾個小時裡，已經集氣上千個讚。我們當然知道，這樣的形式就是給活著的人多些安慰而已。在臉書發文的第三天，嫂子已在羅哥的感謝 po 文中平靜的離開了。

羅哥是中南部非常大咖的魚販，會相熟是因為車聚的關係，曾經拜訪過羅哥家幾次，就是那種傳統透天厝，沒有任何豪宅氣息。但是院子裡面停的車子價值三百五十萬以上的大概不只十輛。

嫂子是那種傳統南部相夫教子的老婆，聽說羅哥是接了岳父的市場攤，老婆專心照顧家裡，讓羅哥去衝，他也擅長業務，四十歲不到已經是頗具規模的中盤商，兩人也已經賺夠一輩子的財富，正是可以享受精采人生的時刻。沒想到造化弄人，夫妻倆育有兩個女兒，分別是國二、小六。

上次拜訪時，嫂子已經驗出有癌症，持續在化療中。晚餐聊天的時候，她一直拜託我們這票兄弟，有一天她走了，請大家多來幫幫她老公，多照顧她老公，深怕她老公傷心到無法承受，要我們多約他出去跑車。

她說一直以來，老公跟孩子的生活起居都靠她張羅，她唯一放心不下的就是，她走了，眼看這個家就會崩潰了。羅哥每天半夜就要出門處理批發的事情，她擔心自己走了，老公沒有人照顧、飲食不正常。也擔心老公一大早就出門，小孩上學沒有人處理。

她說老公連吃飯的碗放在哪裡都不知道。她說小孩每天早上都是她把制服燙好折好放好在床頭，再開車載她們上學。她擔心自己走了，孩子怎麼上學？會不會服裝儀容不整，像沒娘的小孩？沒人提醒她們做功課，會不會影響學業？

我想這大概是所有媽媽們的宿命吧！從來沒把自己的需要列入人生清單，一生都為了老公小孩活。但最終，她還是得帶著所有的不放心與不捨離開了。

看著羅哥臉書上的新車照片，我忍不住打了通電話，想關心一下他的近況。我本來還擔心接起電話得先安慰一番，沒想到羅哥在電話那一頭的聲音聽起來出乎意料的充滿元氣。我因為擔心觸動羅哥的傷心處，想關心又不好直接問，想不到羅哥竟然先開口問我要不要去環島。

羅哥告訴我，他最近正忙著籌備環島的事情。我淡淡問了一句，那你的批發生意怎麼辦？羅哥告訴我，老婆走後他就把公司的事情交給下面的人去打理了。請了幫傭，孩子們也都由校車接送。他已經迅速走出悲傷跟家裡的混亂，工作跟生活都漸漸恢復常軌。

我很開心羅哥迅速找回生活節奏，沒有因為老婆離開而一蹶不振。心裡有一點點放下大石的鬆，但卻又有一種酸酸的說不上來的感覺。一直到掛上電話，晚餐時才悟出心裡的酸是什麼。

如果大嫂可以看見今天的情況，她會覺得開心還是難過？會開心的肯定老公迅速恢復往日生活，家裡長輩也有人照顧，並且重新拾起興趣，投入最愛的車子裡。還是會忽然心酸的發現，其實這麼多年以來，她做的事情都是別人可以做到的，講得更殘忍的是，她這麼多年來做的事情都可以被取代，甚至花錢就能處理的，而她卻用青春去付款。

某一年她因為擔心孩子沒人接送考試而放棄參加大學同學會；某一次她因為公婆要健康檢查而沒有出席閨蜜京都旅行。其他像是公司要算帳，員工不支援，老公便要她幫忙，許許多多別人可以做的事情，一堆並非非她不可的雜事，做了別人還覺得理所當然的事情。很多因為她是家庭主婦，大家理所當然的以為她沒事希望她幫忙的屁事。甚至因為把所有家裡成員的事都排在前面，而自己一延再延的身體健康檢查。

在許多家庭裡，女性很容易自然而然把所有事情扛在身上，或者被扛在肩上，想要透過更多的付出，得到地位跟情感上的認同。但大叔覺得這樣盲目的忽略自己，只會讓自己進入一個忙碌的黃臉婆循環。

很多覺得這個世界或是這個家沒有她就毀滅崩潰的女人啊！妳們真的把自己想得太偉大了，地球要炸裂，人類要滅亡，妳們是沒辦法幫上忙的。常常希望透過不斷付出、無怨無悔、傻傻付出，去得到一點點認同。大叔要告訴妳，妳可以付出、可以去做，那都是因為有愛！但千萬不要忘了最重要的是先愛自己。妳才是這世界上最獨一無二的，要把自己擺在最重要的位置再去付出。

妳可以透過向外求援，把雜事處理完，讓才能跟愛發揮在更關鍵的地方。大叔很喜歡媽媽常說的兩句話：「錢給伊，郎抹代誌。」「錢死，卡好郎死。」當妳活得夠精采，才能得到另一半的目光跟重視。當妳活得夠耀眼，孩子也會因為妳而感到驕傲。

兩年前我的太太跟我說，想要去攻讀EMBA。那年我們擁有兩個小孩，一個七歲、一個四歲，都還是學齡前，我給老婆的答案是，生活是妳自己的，學業也是妳自己的，妳的人生妳自己決定。

我有我自己的事業，太太也有一個很穩定的主管職工作，讀不讀EMBA對我們來說，基本上不會是立即的升遷或是財富增加。但我很懂我的老婆，她就是塊念書的料，她就是因為想念而念。

我們兩個人的人生觀一樣，認為人生就是要去做很多、很多想要做的事情。她很喜歡念書、考照、拿證書。我很喜歡做沒做過的事情，衝浪、潛水、考遊艇證照、玩風箏，最近的願望是想要去考遊覽車駕照。

她的課程必須用至少一年的每個六、日去上課修滿學分，也就是說，我必須足足有一年多的時間，必須一個人在假日一打二帶小孩。老婆當初也是因為放不下小孩，猶豫著該不該跨出這一步，才來徵求我的意見。但我非常清楚，她徵求我的意見，其實是希望得到我的支持。

於是我輕描淡寫的告訴她，想當年在夜店一個晚上照顧三個女人都不怕了，照顧兩個小女童算什麼。我身邊的朋友，甚至老婆的閨蜜也都一面倒的擔心：孩子一定需要媽媽的。

我心想，兩個孩子都已經不需要吃奶，晚上睡覺也都獨立的睡在她們的房間，我實在看不出有任何需要我老婆片刻不離的理由。於是我擬定好策略，假日安排戶外活動，不然就是外縣市的過夜小旅行，或者是父女三人的露營。透過活動量大的作息，減少孩子對媽媽的依賴。當遇到工作無法分身的時候，還有外公、外婆、爺爺、奶奶、姑姑、舅舅們可以託兒。再不然只要花錢，有什麼事情、課程、保母是搞不定的？一整年才五十幾個禮拜，哪是什麼難題？

終於在一年後，我們父女三人伴隨著老婆飛往芬蘭的赫爾辛基，參加她的畢業典禮。當媽媽被授予學位的那一幕，我相信會是女兒們心目中最清晰的傑出母親的樣子，我也相信孩子會因為這樣的母親而感到驕傲，以她為榮！一直到現在，女兒們還是時不時提起去芬蘭參加媽媽畢業典禮、媽媽好美的故事。

我想說的是，每個人的生命都只有一次，即使妳是為人母，為人妻，必須照顧好妳的家庭，都千萬不要忘了自己對生命的熱情，還有心裡的夢想。如果別人能夠出手，那妳就該放手，把時間拿去完成妳生命裡真正想要追尋的夢想。

活得夠精采，才能得到另一半的目光。活得夠耀眼，孩子會因為妳而感到驕傲。

如果別人能夠出手，妳就該放手，去完成妳生命裡真正想要追尋的夢想。

4. 妳的男人必須大方又大氣

那天，網路廣告圈的老同事約了一起到工廠找我聊天。你知道的，已婚的女人跟老友或姐妹閨蜜聚聊的絕對是三句話離不開老公小孩。

如果她的小孩還在國小中低年級階段，那你所能聽到的絕對是讚美，絕對是小孩有多可愛多乖巧。但只要小孩一超過國小五年級，聽到的大概都是抱怨小孩前青春期的種種令人翻白眼行徑，甚至開始叛逆。

至於老公，通常習慣花心的、喜歡偷吃而還未離婚的，已不會出現在討論裡，因為那基本上已經被歸類為絕望的陌生人。

人妻們會跟閨蜜老友抱怨的話題通常都是老公的金錢觀或生活觀，以及回到家到底能有多懶。

果然，一位同事抱怨起老公的小氣。她離開廣告圈後到了外商頻道上班，而老公在科技業裡面算是高收入的主管階級，據她所說，一個月收入大概就有二三十萬。同事抱怨著老公只願意付基本的費用，例如小孩的學費，或是寒暑假的才藝支出。家用則是每個月固定給她四萬塊，包含所有吃喝玩樂育樂，柴米油鹽醬醋茶。

同事在去年底離職了，開始專心當個家庭主婦，但老公吃米不知道米價，一個月依然維持固定四萬塊家用，這點錢在都會區到底能夠做多少事情？

本來她還有收入時，用自己的薪水請了一位阿姨，但現在專職當主婦了，阿姨的工作也就只能靠她自己來兼職了。

聊到三點多，她依依不捨的說，得趕著去接小孩了。

其實他們夫妻都各有自己的房產，基本上算是衣食無缺的家庭。但看來不管有錢沒錢，誰該出錢？該出多少？永遠都是夫妻之間的禁忌話題。

女孩們，擇偶目標與其設定在找一個賺多少錢的男朋友，還不如找一個願意為妳花多少錢的男朋友實際一點。

其實我對於這種小氣男友的心態也十分好奇，納悶他們的算盤到底是怎麼打的。大叔是魔羯男，屬於一個非常會算的人，在這裡要用一些最簡單的例子，讓妳告訴妳的男人，為什麼必須大氣，為什麼對女人就要有老一輩的人說的「花錢要『啪手』的魄力。」（也就是花錢出手要很俐落清脆的意思）讓他們知道，自己的算盤打得一盤爛。

首先我們先釐清楚最重要的一點，當一個男人約女人出來吃飯或是出去玩，基本上原始的出發點都是對這個女人有興趣，或者是想要討好。而在男人原始期望達到的目標，絕對是獲得這個女人的好感，或者取悅妳這個女朋友，沒錯吧？

畢竟男人這種雄性動物，當認識一個女人，決定約她出來吃飯的時候，難道會純粹只想找個人一起共進午餐？如果真的那麼無聊，我就他媽的跟女同事一起嘰嘰喳喳吃午餐不就好了。

一個男人找一個女人出來吃飯，不就是為了找到心目中的理想對象發展交往，或者獸性一點的，期望能夠有下一攤，甚至是酒後亂性的共度一晚嗎？

而你大爺吃完飯以後，卻跟著穿著美麗動人、身材性感妖嬈、乳溝半露、短裙齊B的女人說：「ㄟ不好意思，剛剛那一餐我們AA，妳要給我五百九喔。」女人沒有馬上找藉口說我媽跌倒或是我家公狗懷孕，立刻叫計程車離開，我隨便你。

於是男人又再繼續尋找下一個女孩，然後再跟她AA制，你他媽兩攤加起來不就剛好一次全付的金額，結果弄得不大方不大氣場面難看，有些搞不好還要因此多吃好幾攤，然後連手都沒有撈到。

女孩妳就乾脆大發慈悲點醒他，一次把老娘搞得服服貼貼的，我們那麼有風度的人，難道會虧待他嗎？

試著把場景轉換一下，男人約了一個女人吃飯。事先做足了功課，先去這家餐廳吃了一趟，知道有什麼招牌的好吃的、值得推薦的。然後女人來了，不待女人開口，立刻告訴她什麼好吃、什麼值得吃，推薦但尊重她的選擇，女人是不是第一印象就好極了，覺得這個男人懂吃、懂喝，還用盡心思討她歡心，吃完後帥氣賣單，順便問問她要不要喝個東西再回去。

走進小酒吧，卡放在吧台，告訴女人想喝什麼盡量點，然後帥氣說句：「不想喝酒，喝喝果汁可樂，軟性飲料，聽一下音樂也不錯。」女人一看這男人大氣成這樣，一是崇拜，二是東西吃喝起來沒壓力，立刻多喝個兩杯，就算酒量不好也想要把自己灌醉，酒是催情良藥，感情立刻進一步昇華。

男人如果真的會算，是真心找真愛的，那這一攤會不會比你相親個十次加起來的油資還便宜？如果要的是激情，那就算去肉體買賣也沒有這麼便宜，更何況對象可能是老師、空姐、護士或是ＯＬ，想買還不一定買得到呢！

至於帶女友出門小氣的，我就更不明白了，願意帶女友出去吃飯或是帶女友出門玩的男人，不就是為了要增進你們之間的感情嗎？既然已經認定是女友，就是家人，所有花在女友身上的，最終不就是回饋到男人自己身上嗎？

再說了，通常女人願意認真交往，那應該也是了解這個男人，了解男人經濟狀況，並且對未來有所期待跟規畫的，不太可能男人說吃牛肉麵，女人吵著說要天天吃牛排，如果真是這樣，那應該是搞錯了什麼，她應該不是女朋友，應該是詐騙集團來的。而如果確信這個女人是你的女朋友，就表示她的選擇會是你們共同的選擇，也是值得你信任的選擇。

女孩，妳必須讓男人知道，要不要交女朋友是他們自己可以決定的事情，基本上就跟結婚一樣，有本事交女朋友，就要做好心理建設，寧可自己吃陽春麵，也要有本事讓我的女人吃牛排的認知。不過大叔相信，這個女人對你如果是真愛，絕對不會捨得你吃陽春麵的。

說到小氣老公，我就覺得更莫名其妙了。醒醒吧！絕大部分男人跟我一樣，財力沒有郭台銘也不是張榮發等級，認真不需要害怕把錢跟妻小共享，更不可能引發任何覬覦遺產，為了謀財害你的命的可能性。身為一個認真工作照顧家庭的男人，所賺的每一分每一毫，不都該是為了讓妻小過上更好的生活嗎？

我們再來聊許多男人始終沒有看透的事情吧！一個女人穿著得體，甚至背著名牌包包時，能聽到的評論多半是：「這個女人可能被包養了。」或者「這個女人的老公真有本事。」你什麼時候看過傑出的女人，明擺著自己賺上名牌包的錢，但背包包出門時人們會直接說：「哇這女生好有本事喔。」

而當老公開著好車，老婆開著買菜車，通常得到的評論會是：「這個男人一定在外面風騷，才會開超跑炫富。卻讓老婆苦哈哈的帶著小孩開國產車接送上下學。」

反過來，如果男人願意幫老婆買輛好車，姐妹閨蜜光看她開著豪車去聚會，就絕對會把老公誇上天了。就算老公開的是二手國產，人們也會說：「這個老公好有本事喔，為了老婆小孩的安全買輛安全的好車讓老婆開，自己卻務實的開著國產車跑業務。」甚至於坊間還會出現「有錢人都低調開「Toyota」的傳聞。老天爺都已經幫男人做球做到這種程度了，如果妳的老公還不會好好利用，那真的就別在跟人家談什麼爬上事業巔峰，談什麼家庭和諧美滿了。

當然大叔這裡談的前提絕對也是女孩要很確定的給足男人安全感，讓老公感覺到真愛，也是願意同甘苦，共富貴的人。愛情跟婚姻都是雙人舞，哪一邊落了舞步都撐不起一支舞的。

找一個賺多少錢的男朋友，還不如找一個願意為妳花多少錢的男朋友。

愛情跟婚姻都是雙人舞，哪一邊落了舞步都撐不起一支舞的。

5. 全世界最愛妳的男人

全世界最愛妳的男人，是那個從小看著妳長大，牽著妳的手過馬路，遠遠看著妳走進校門，捨不得離去，深怕妳轉頭看不到他會害怕的男人。他會在每個妳受傷的日子，飛車載著哭泣的妳，從某個店門口把妳接上車，一路緊緊的牽著妳回家。最後更大氣的在禮堂，親手把妳交給另外一個承諾在未來最愛你的男人手上。

接著他會隨時敞開家門，不敢把妳的房間清空，深怕某一天半夜電話鈴聲響起，妳會哭著說：「想要回家。」就這麼小心翼翼，不打擾的愛著妳，直到他的生命終了。

在我年少輕狂的那個年代，曾在某天經過東區時，瞥見一堆人圍著喧嘩、議論紛紛，我一直不是個好奇愛湊熱鬧的小孩，所以直到第二天才從新聞媒體上面得知發生了什麼。事情是某個明星藝人的女兒，因為男友劈腿閨蜜，選擇用一種最殘酷的方式，在爭吵後從鬧區的頂樓跳下，期待能用死亡讓劈腿的男女感到內疚。年輕的我對這樣的新聞沒有太多感觸，只有淡淡的一句：「這麼漂亮的女孩，怎麼會為了一個男人想不開。」

一直到後來我當了父親，又在社群媒體上瞄到這條訊息，文章報導的方向是藝人父母在孩子走後這幾年的生活。當了父親後再看到這訊息的感觸完全不同了，那是一種錐心刺骨的感同身受，我甚至忍不住想像，如果發生在我身上，我的女兒這樣做，我是否能夠承受？

一個爸爸手牽著手把女兒養大，卻毀於一段相識幾年，甚至幾個月的戀情手上。孩子啊！那一對男女如今依然四肢健全，我相信那個男孩在妳死後，心並未因此缺了任何一角，可妳的父母親卻心碎了一地。

傷害自己改變不了任何事情，也挽回不了任何戀情，請妳相信，就算如何壯烈的死去，劈腿的男人，若稍有良心的，可能會心情低落一陣子，但我保證他們的未來還是會堅強、快樂、開心的活下去。

感情的世界裡沒有對錯，不愛了，就是不愛。我們無法定罪於男人的劈腿，因為他就只是不愛妳了。戀情上介入的第三者當然有道德上的瑕疵，但她卻沒有任何的法律過失。

情感是一種很微妙的東西，愛情來了擋都擋不住，不愛了，也是勉強不來的。不會因為妳的哭鬧、委屈、退讓或是以死相逼有任何改變。妳沒有辦法限制別人愛不愛妳，但當一個人不愛妳了，請妳要比別人更愛妳自己。

不管是如何椎心蝕骨的戀情，在妳漫漫的人生歲月裡，終究都只是過客，這些感情都只叫風波。很多經歷過的戀情跟離去的人，在多年以後妳甚至想不起他的名，憶起的只是當年哭得要死要活的自己、在他面前下跪的自己，或是像神經病一樣守在他家門口的自己，甚至像變態狂一樣跟蹤他到公司的自己……那時候妳的心裡只會升起一種「靠！老娘當時是鬼迷心竅瞎了眼嗎」的感嘆。

二〇一一年，我在東區開了一家咖啡廳，有天來了個非常清秀的女孩，是那種會讓人一眼驚豔的大家閨秀，所以她第一次到咖啡廳的時候，大家就對她印象很深刻。有一陣子她持續來了好幾天，某次竟然無緣由的在咖啡廳裡，趴在桌上哭了起來，是那種很小聲壓抑的啜泣，店員也沒有打擾她，讓她安安靜靜的，享受那一片刻的難過。

當她離開了以後，我們在廁所的黑板牆上發現了她留下的一段字句：「既然做不到，當初為什麼要承諾我？」看完後，心裡浮上一句：「又是個痴心女孩呀！」女孩的這段話被我拍下來貼在臉書粉絲頁上，很多女性粉絲紛紛回應不捨和憐惜。

二〇一七年四月，社群媒體上、新聞上，大家在為清秀女作家的離去議論紛紛的時候，老婆驚訝的喊著我問：「你還記得我們開餐廳的時候，有一個很清秀的女孩在店裡大哭，然後在廁所黑板留下了一句話嗎？」

我：「記得啊。」

老婆：「就是這個自殺的作者。」

我：「妳怎麼能夠肯定？」

老婆說因為女孩的樣貌空靈脫俗令人難忘，所以一看到新聞照片就認出來了。

女孩的才氣文筆讓她在文壇發光。高中學測滿分，十九歲就發表兩本著作。儼然是人生的超級勝利者。我相信父母在她的成長路上，一定也是費盡了苦心。而她卻選擇在二十六歲結束了她燦爛美好的人生。女孩啊！有人說妳的離開是因為感情的傷心，也有人說是因為遭受不倫的欺騙。有人說妳生病了，有人說妳太笨。

大叔只想說：「女孩，全世界都有資格說愛妳，但妳必須比所有人都更愛妳自己。」不要忘了那個全世界最愛妳的男人，還在家等妳。

#傷害自己改變不了任何事情，也挽回不了任何戀情。

#全世界都有資格說愛妳，但妳必須比所有人都更愛妳自己。

Part 4
把自己當情人　來愛

1. 請妳要好好的單身

常常看著有些人在臉書動態上急著尋找另一半，有意無意的自虐：「情人節快到了，都沒有人陪。」或是：「過年了，有誰要跟我回家？」有的甚至於才剛認識，連交往都說不上，就立刻像抓住浮木般的非卿不嫁，結果嚇跑一堆想要好好享受戀愛美好的直男。臉書動態最常出現的就是：「好男人，不是已經結婚了，就是Gay。」

於是這些人不斷的參加活動，想要認識新朋友。生活就在跑趴、唱K、聯誼中，不斷循環度過。可是女孩啊！妳浪費了單身生活的美。妳不知道有多少姐姐羨慕妳說走就走的自由，有多少帶著孩子的媽媽羨慕妳隨興的：「走，喝一杯去！」有多少已婚人妻渴望像妳一樣，滑鼠一滑，機票一訂，人已在曼谷街頭；假一請，人已出現在加拿大滑雪。

單身時希望走入家庭，婚後渴望說走就走的自由，這都是人性。兩種生活大叔都經歷過，也都很喜歡。我想我會很喜歡的原因，應該是我在單身的時候，很努力很認真的把單身活得很好、很瘋狂，甚至是別人說的很糜爛。所以當我進入家庭時，就能夠義無反顧，對單身毫無眷戀，全心投入我的另外一個角色。

單身不是錯，雖然這個社會上若有似無的歧視著單身，甚至連家人、爸媽都會有意無意讓妳感覺單身好像是一種原罪。比較明理的爸媽嘴上比較沒給壓力，可是回家面對鄰居跟三姑六婆就是種人生毀滅。已經盡量少回家了，但年總是要過，於是，過年租個男女朋友回家的行業因此誕生。

搞得好像單身就是本身不夠優秀或者人格上有什麼缺陷，甚至是個性詭異、無法跟人相處，到最後連妳自己都相信自己是個魔鬼。

女孩啊！請好好享受妳的單身生活，在單身的日子裡，是最容易打下經濟基礎的時候，把握這段時間讓自己的經濟沒有疑慮。

一個人吃飯，把兩個人的費用拿來花，可以吃好一點；一個人住的房間，隨便妳愛工業風、歐洲風、公主風，愛怎麼布置就怎麼布置；妳的胸罩喜歡丟在桌上，內褲喜歡掛在窗簾上，沒有人會有任何異議；開起車來要怎麼倒車、怎麼停車、怎麼在路邊三百六十度都不會有副駕嘮叨；出國旅行，想要訂五星飯店就訂五星，想要住精品旅店就訂精品，不用考量文青旅店會不會不接十二歲以下的小孩，有些飯店六歲以上兒童要加價。

單身的好，真的就是要走入家庭以後才會知道。而走入家庭有小孩又是另一篇樂章，我個人是很喜歡。所以單身的時候，就是要盡情把自己的狀態活得很好。

我的製片同事在三十幾歲的時候就擁有一家製片公司，單身美麗、事業有成、個性強勢。通常這樣的女生在台灣，大概有三分之二的男人遇到她會龜縮，再扣掉一些收入沒她高、空有外表不求上進，或是事業有成但只想找溫柔體貼女生的男人後，她在台灣的選擇應該也不多了。

我很喜歡她在單身時候的樣子，對於打點自己從來不手軟，每次見面都是以最好的姿態出現。對每個人都很熱情親切，很喜歡找我們這些老朋友吃飯。她對於製片公司後場的所有細節跟人員掌控都非常到位。因為單身而事業有成，因為事業有成所以單身，我想應該就是在說這樣的女孩吧！她的單身不是條件不好，我個人反而覺得她的單身是因為條件真的太好了。吃的好，用的好，人生沒有浪費在無謂、徒勞的脫單上面，喜歡戶外活動，每年兩次長假是她慰勞自己的方式。

在千禧年，那個台灣還沒什麼人在衝浪的年代，跟著我們整天往海邊跑，晒得黝黑，豪爽大笑。常笑稱台灣男人不懂得欣賞她的美，而她也厭倦於幫別人照顧兒子、調教老公的戀愛輪迴。於是號稱永久單身是她最好的生活方式。

她每年都有一趟固定的衝浪之旅來犒賞自己的忙碌，二〇〇八的夏天，她依例去了峇里島的庫塔，這次回來整個人都不一樣了。我虧她是談戀愛了嗎？她笑著回答我：「不！是買了個老公。」

那年她在庫塔邂逅一個海灘男孩，男孩是從爪哇島到峇里島謀生的，受過良好教育，英文能力蠻好的，但是因為當地討生活不易，所以跟店家合作教衝浪賺錢。其實教衝浪基本上賺不了什麼大錢，所以大部分海灘男孩都是以跟日本或澳洲遊客伴遊的性質來賺錢。

同事跟男孩是在夜店相遇的，經過大半個月的相處，在當地已是半同居狀態。回國後每天網路電話熱線不斷，終於在她每年不斷飛往峇里島相聚，然後不斷了解跟申請後，男孩來到台灣一起生活了。

兩人相差十三歲，某天一起吃飯，我虧她：「海灘男孩很好用吼？」同事說了一段很好的話，讓我完全從另外一個方向去思考女生的擇偶方式。她說：「我是一個有謀生能力又事業有成的女生，為什麼要讓別人來選擇我，討論我的容貌、年紀、是不是賺得比男生多。我既然可以選擇一個年紀比我小、體格完美、臉龐帥氣，然後很樂意主內，每天幫我整理住處、煮好飯、放好熱水等我回家，把我當女王的男人，為什麼不要？如果台灣男人都可以娶外配，為什麼我不能去帶一個喜歡的男孩回台灣？」

有好一陣子，她跟男孩就過著峇里島和台灣兩地來回居住的日子，也早就把公司交給合夥人去管理了。今年四十八歲的她，老公三十五歲，有兩個小孩，一家人早已搬到澳洲定居。這是前幾年我們透過臉書又再次重逢時，得知了她這幾年的近況。

女孩啊，好好過好妳的單身生活吧！如果注定一輩子要單身，把自己活得很漂亮、很精采，不也是另外一種美。

很多事情急也沒用，是妳的終究會是妳的，他會在一個適合的時間點跟地點出現，而我們唯一能做的，就是把自己維持在最好的狀態，不管是外表、生理、心理跟心靈，當愛情來敲門的時候，妳才不會一身睡衣、睡褲、蓬頭垢面，不是自己嚇得不敢開門，就是開門嚇走了別人。

沒找到對的人之前，請妳要好好的單身。

#把單身活得很好很瘋狂，進入家庭時，才能夠毫無眷戀投入另一個角色。

#把自己維持在最好的狀態，當愛情來敲門的時候，妳才不會一身睡衣睡褲、蓬頭垢面。

2. 我的女權只存在我想堅強的時候

前幾天心血來潮，約了女兒把家裡的紗窗換一換。為了給老婆一個負責任男人的交代，也為了在女兒面前耍帥，一早開車帶女兒們往五金行跑，教她們認識紗窗的紗網長什麼樣子。買了壓邊的膠條跟安裝用的滾輪，教女兒們換紗窗。兩個女孩時常跟著爸爸鬼混，或跟爸爸到工廠裡看同事製作家具，所以一直對於逛五金行這件事的熱情，不亞於去逛玩具反斗城挑芭比。

忙碌了一個早上，女兒們成就感十足的把家裡紗窗都給換了。身為一個女兒控爸爸，是女兒最大的粉絲，看到成品立刻急急忙忙拍照 po 上臉書炫耀。朋友看到紛紛留言讚美：「最佳兩性平權教育！」「果然女力更帥！」我回文：「女孩就是要有『有男人時別逞強，沒男人老娘也可搞定』的氣魄。」妳可以本事十足的背著柏金包，也可以在柏金包裡放著榔頭，完全不顯突兀。

我給女兒的身教，從來就是只要願意嘗試，妳一定可以做到。只要妳想做，誰都不能說No！於是女兒在閒聊或作文裡提到長大後的願望有過公主、工人、舞蹈家、動物園主人、垃圾車司機。看似很衝突，每一個都互相矛盾，但爸爸給的答案都是：「很好，妳可以，妳一定可以的。」

我不太喜歡大家常掛嘴上的所謂「女孩子家」，規定女孩不能這樣、不能那樣。我帶著女兒衝浪、玩SUP、潛水，一個五歲、一個三歲時，我就帶著她們去上滑雪課，鼓勵女兒赤腳奔跑，吆喝著她們去爬樹。我帶著女兒做工、刷油漆、修腳踏車，搞一些有的沒有的，不是她們真的能夠幫上什麼忙，或者一定要勝任什麼事情。只是要告訴她們，只要妳願意，沒有所謂的男女性別可以限制妳，工作也沒有什麼高尚、低下之別。

女孩，沒有男人的時候，妳可以做太多事情了。妳應該學會，有沒有男人，都不該失去自己。你可以閱讀、充實自己、去旅行、學著換燈泡、學會修水電。妳更可以獨立創業，擁有一番屬於自己的天地。

很可惜的是，很多女孩似乎只為愛而活。而且通常這個愛，是非常狹隘的愛，是一種給老娘愛情，否則我就死給你看的愛。有些女孩，一旦遇見某個人，都還搞不清男人底細，就一副非你不嫁的投入，分分秒秒都必須黏在一起的愛戀，彷彿沒有了這個人，妳就喪失了所有生活能力。

過於自我的愛，常常會讓人想要逃離，尤其是在感情還沒有那麼深入了解的時候，全心全意的付出，有時候適得其反的造成分手的主因。而當男人離開了，妳的整個世界全被帶往崩毀的路上，然後下段感情就更沒有安全感。在這樣的惡性循環下，每一次談感情就只想要抓得更緊，然後又一再的失去。

我一直很欣賞一位賣歐美老物的古董商好友。剛開始認識她的時候，她正跟男友在五分埔做服飾批發，累積了一大桶金。五分埔開始走下坡的後期，她開始抱怨男友好吃懶做，無法撐起彼此之間的世界。嚴格說起來，五分埔的事業是她自己打下來的天下，女孩家裡的環境一直是不錯的，學成歸國沒多久就投入了服飾批發的創業。最後她受不了男友的軟爛，抱怨過幾回後，迅速果斷的分手了。

結束了服飾生意，她迅速飛往國外，進口幾個貨櫃的古董家飾、家具，她一直都有收集古董家飾、家具的喜好，這也是她一直想從事的行業。返台後立刻在八德路京華城後巷找了店面，自己買電鋸，包辦所有的室內裝潢、油漆、木作、拉電線，除了比較難獨立作業的泥作跟鐵工外發以外。

三、四年的時間，她做得有聲有色，除了販售老物件，也做起老家具的租賃，穩定後接著換到民生社區的百坪空間，一樣也是完全不假他手的獨立完成。

前兩年戀愛了，找到心目中的對先生，ＩＧ上盡是跟著老公全世界走透透、潛水、滑雪等戶外活動，老公無微不至的照顧、夫唱婦隨的小鳥依人照片。老公有自己的事業，她依然從事著自己喜歡的老家具生意。一天到晚在ＩＧ上對老公撒嬌放閃，有時卻又夾雜著她爬上店面屋頂處理防漏的照片，讓朋友們咋舌。

女孩們，有男人的時候，就是妳們好好享受女性獨有特權的撒嬌時刻，妳不必硬要強調獨立、自主、新現代的女性樣貌，我總覺得一直在強調女性獨立的人，其實內心最貧乏的就是女性獨立。如果真的對於自己的女性力量有很大的自信，其實一點都不會想在男人面前該撒嬌的時候還逞強。

有男人的時候，妳不需要因為女權而為反而反，就像前面提過的，所謂ＡＡ制。很多女權主義者強調，為什麼要讓男人請客？可是妳是否想過，有時候禮讓只是讓男人表現他的紳士，是做球給他。除非妳真的對這個男人沒有意思，否則堅持ＡＡ制，只是在告訴這個男人，妳對他沒興趣，已經築起了一道牆。

退一步來想，不說女權，我們難道沒有過跟朋友出去，A付飯錢、B付飲料費、C可能就付電影票，這不是一種很完美的社交方式嗎？

女孩真正的堅強應該要放在沒有男人的時候。而有男人時也別忘了，老娘隨時可以照顧好自己，但並不表示不需要呵護。

#妳可以本事十足的背著柏金包，也可以在柏金包裡放著榔頭。

#老娘隨時可以照顧好自己，但並不表示不需要呵護。

3. 除非他富可敵國

除非他出身皇室或富可敵國，否則請對希望妳婚後跟大家族或公婆一起住的男孩說「不」！

這樣的男孩不是不好，也不是說這樣的公婆就一定難搞。但如果婚後還會想要住家裡，按照大叔的觀察和推理邏輯，十個有八個，如果不是媽寶，就是好吃懶做。

一個真正有本事的男孩，可能在還沒有結婚打算之前，就已經早早離家獨立生活。有本事的，房子早就買了好幾幢，順便在樓上幫父母也添購一間。就算本事差一點，知道要什麼但尚未存夠一桶金的男孩，也已經能夠在外獨立租房，養得起自己了。

每個人在不同的家庭背景裡長大，一定帶有不同的生活習慣，有些好習慣，也難免會有缺點。人跟人的相處，距離是一種美感，自己的兒子天天看，有時頂嘴、有時忤逆，常常都恨不得想掐死他了，更何況是別人的女兒，不小心犯個錯，或生活上的小缺點，都容易被放大。

所以越是住在遠處的媳婦，久久帶著孫兒回來一次全家團聚，就越能相敬如賓、和樂融融。公婆每個月或每個禮拜都期待兒子媳婦回來，含飴弄孫的分秒都分外珍惜，哪有時間管媳婦要吃啥買啥、睡到幾點？（敢作怪挑剔，老娘手上可是有人質，當心見不到孫子。）

然而一旦朝夕相處，日日夜夜生活在一起，缺點自然而然會被放大，優點自然而然會被忽視。於是我們最常聽到的就是因為住一起，婆婆抱怨：「在家帶小孩的媳婦睡到八、九點才起床，家事要給誰做？我們老的看不過去，只好老的做。」

但背後沒說的故事很可能是這樣的。公婆晚上五六點吃完飯，看完民視就進房躺著準備睡覺，隔天怎麼可能不早起？加上因為午睡到下午三點，隔天早上三點多躺也不是，睡也不是，只好起來閒晃。家事越看越不順眼，忍不住動手做，到了七點事情做了一堆，感覺一整天也已經過了一半。於是就有了媳婦每天都睡到日子過一半，還不起床的鄉野傳說。

公婆起床的凌晨三、四點，或許媳婦才剛搖完小孩、整理完家事，躺上床好不容易睡著，卻聽到公婆四處走動的乒乒乓乓，加上心理壓力，怎能不日積月累成憂鬱症頭？

再來就是飲食的差異，我的一個夜店咖好友從良嫁到南部去，某一次聊天她說，婆家每天的早餐都是吃稀飯配魚、肉、麵筋跟小菜。但因為她從小在台北長大，一直認為清粥小菜是夜店狂歡結束後才吃的東西，早餐不就該是三明治跟奶茶嗎？再忠於原味一點，至少也是傳統的豆漿跟蛋餅吧？於是她在彰化鄉親間得到一個「一定要外面買的早餐才吃之台北下來的小公主」綽號。拎杯只好建議她，那妳就每天晚上跟老公喝到快清晨，微醺之際直接把音樂催到緊繃，讓早上的稀飯變成無名子或小李子清粥小菜，這樣子或許就能吃得習慣一點。

談到育兒觀念，其實我們自己這個從小帶大的親生兒子跟父母的觀念都可能天差地遠了，更何況另一個家庭來的媳婦。而公婆為了拉近與孫子的距離、得到孫女的青睞，最快的方式就是糖果巧克力齊來，加上有求必應的金錢攻勢。最後媳婦終於抓狂：你們毀了我的小孩！

有人說：「難道婚後就要拋棄父母嗎？」既然你婚後才想到要認真孝順，你他媽就去住在父母家附近，兩頭跑照顧，很難嗎？即使是樓上樓下都會有空間跟距離的美感。而且如果你認真覺得，是人都該照顧爸爸媽媽，那你是否問過你老婆、岳父岳母，需不需要過去同住照顧一下？

有人說：「是因為經濟不許可，才沒辦法搬出來住。」或是：「想先存錢，為將來打算。」甚至是：「養小孩很花錢，想吃住父母省一點。」那我告訴你，當年保險套的錢真的不該省。奉勸所有胯下癢的男女，如果沒有本事照顧小孩和夫妻倆的獨立生活，我勸你，男的老二捏牢牢，女的腳盡量夾緊。想賴在父母家的理由有千百種，想搬出去的理由只有一個叫獨立。

親愛的女孩，如果妳是一個沒有愛會死，感情是妳活著唯一意義的人，請記得要強大自己，最好要強大到擁有足夠養起一個家的能力。以防有一天妳會遇到一個光看他臉蛋就能讓妳高潮，到老也看不膩，或是鄉民傳說中的三十公分，讓妳欲仙欲死，願意不顧他上有父母祖父母，三代同堂，又有姐妹和兄弟，一家十幾口擠在十幾坪的房子裡，依然非他不嫁的人。那就只好靠妳從小累積的強大經濟實力，直接大聲又豪氣的告訴他：「搬出來！老娘有房、有田又有地，我養你！」

如果妳是屬於懶惰又飯來張口、茶來伸手的偽公主，麻煩對於結婚對象一定要非常挑剔，沒房沒經濟又沒志氣，非要跟父母硬擠的媽寶千萬不要考慮。畢竟妳是軟爛公主我相信妳能伸能屈一定能夠好好活下去，我比較擔心的是，妳搬進去沒多久公婆就氣到雙雙暴斃。

至於那種因為懷孕，二十歲不到就打算結婚，完全沒有經濟能力所以必須靠公婆養的夫妻，我必須說一句比較違反人性的話，請妳認真考慮把孩子拿掉吧。跟公婆生活在一起萬般委屈，導致產後憂鬱的大多屬於這樣的女孩。

很多在靠公婆生活的夫妻，同住一段時間以後，老婆忽然發現眼前這個男人異常的陌生，沒什麼謀生能力養活自己，也不見他有想要出去打拚的勇氣。而女人只能每天在家裡低聲下氣帶小孩，因為沒有經濟能力，所以也沒有說話的權利。大部分公婆也不准妳出去上班，因為妳去上班了那誰來拖地掃地洗衣洗碗。最後漸漸落得家庭地位比孫子還低落，基本上屬於女僕那一等級。

我們在新聞上看過那些一時想不開帶小孩尋短或是婆婆殺了我之類的標題，大部分背景都是這類家庭。通常也不會是新聞所說的一時想不開，多半都已經是多年的憂鬱累積。

所以女孩，請妳一定要有能力！不管是挑一個有本事有經濟或是夠努力夠獨立的夫婿，或者妳就認命點強大自己。絕對要跟婚後想要叫妳跟公婆同住的男人說「不」！

婚後還會想要住家裡，十個有八個，不是媽寶就是好吃懶做。

如果沒有本事照顧小孩和夫妻倆的獨立生活，我勸你男的老二捏牢牢，女的腳盡量夾緊。

想賴在父母家的理由有千百種，想搬出去的理由只有一個叫獨立。

4. 不要忘了自己原來的樣子

即使當了媽，也不要忘了自己原來的樣子。

很多人常說，當了媽媽就沒有朋友了，有時候是老公不允許，有時候是自己對小孩的責任感重，甚至有些是因為生活在婆婆跟家族的眼光底下，而不敢讓自己有一絲絲放鬆。其實當了媽媽，才更需要三不五時跟閨蜜鬼混啊！只有當媽的人才知道當媽媽的壓力有多重，有多需要釋放。

人們常說，如果有解不開的結就去旅行吧、如果你有壓力就去旅行吧、如果你有無法消耗的快樂就去旅行吧，分手了請你去旅行，談了一場好戀愛更要共同去旅行，人生就是應該要有一場說走就走的旅行。

可是親愛的，現實人生裡就是無法三不五時去旅行，時間上不允許、經濟上不允許、自我良心上過不去。但跟閨蜜碰面聊聊天、換換垃圾話，短時間放鬆的療效，絕對不會輸給旅行。

為什麼說當媽的人一定要有閨蜜，除了不跟社會脫節，聊聊馭夫的辦法，分享美容情報外，甚至還可以交流床笫間的技術。厲害一點的閨蜜交流，還可以提升到商業層次，幫老公做好人際，拉拉生意。

已婚有小孩的閨蜜，最適合整天膩在一起了，帶小孩的體力活還好，最累的是精神意志上的煎熬，認真的媽媽，小孩是一分一秒不能離開視線，當然小孩也不願放過妳一分一毫。我就曾經在哄完小孩睡午覺以後，難得放鬆進去廁所大便，因為怕小孩哭，門不敢掩上。結果就在我邊輕鬆大便邊滑手機時，身歷其境大法師的經典畫面，小孩不知道什麼時候爬了出來，然後一路爬進廁所裡面，我滑手機滑得太專注，一抬頭跟親生小孩打了照面，一條大便活生生的嚇到當下剪斷，不得不佩服自己的括約肌。所以說已婚有小孩的閨蜜相約，能讓孩子們自己打發自己。媽媽得到的是兩個人的輕鬆，孩子又向社會化邁進了一步，順便擴展人際交流，多好。

而單身的閨蜜，最適合用來託孤了啊，想必大家生活中一定有很多那種單身未婚的閨蜜，養著小狗、小貓，偶爾玩玩朋友的小孩，三不五時在臉書上大聲疾呼：「老娘卵子已經準備好了，精子什麼時候要爬進來？」對她們來說，小孩就是一種母愛光輝的象徵。反正別人家的小孩只要幫忙帶個半天、一天就可以塞回別人家，那種心情跟愉悅度，基本上是一種休閒、居家旅行良伴的快樂。我甚至有那種單身的女性朋友，在居家裝潢的時候順便規畫一間乾兒子的房間。所以說單身的閨蜜多適合一起出來喝咖啡，小孩妳每天照顧越看越討厭，可是閨蜜不是啊，短暫的三到五小時，玩玩小孩，她們樂得很呢！

住在附近的閨蜜更是好用，沒事小孩子就丟過去一個下午，有些還順便過夜。這樣的朋友妳不利用，什麼朋友才要利用？啊！不好意思，應該說，這樣的朋友妳不珍惜，什麼朋友才要珍惜？

有些老公很不喜歡老婆跟閨蜜相處。身為鼓勵老婆跟閨蜜鬼混的老公，我忍不住要站出來喊話。老公們，你仔細想想，老婆帶著小孩去跟閨蜜約會時，不但孩子有人顧，有人幫忙搜尋網美名店、找好吃名物，然後讓老婆穿美美的只要人到現場，輕輕鬆鬆坐在那裡，花個三到五小時喝咖啡，還有專業網美照可以po在臉書上開心炫耀！回家能不龍心大悅、溫柔體貼嗎？你再也不用找名店、找美食，然後用心喬好角度，拍了幾十張好不容易挑出一張給老婆大人後，第二天還被po在臉書上幹譙所謂老公視角跟自拍視角的差別。你難道不該舉雙手雙腳贊成，甚至鼓勵老婆婚後多跟閨蜜來往嗎？

女人們，妳是不是忘記了婚前看電影、聽演唱會，老娘今晚有約，急著準時下班回去做頭髮，換上一套性感的維多利亞，誰敢擋老娘下班，我見一個殺一個的氣魄？那為什麼婚後準時下班接小孩這麼重要的事情，反而讓妳偷偷摸摸、鬼鬼祟祟、不敢大聲張揚呢？

很多職場集體霸凌媽媽這個族群，給媽媽莫名其妙的藐視。他們可以接受單身女子穿著窄裙，踩著高根鞋緩慢移動，在上班時間到樓下買星巴克，甚至還覺得優雅。卻會在背後鄙視咬舌的談論，哪一個媽媽又在廁所擠了十分鐘的奶。而且通常都是女人在為難女人。

媽媽啊，妳們根本不需要因為當了母親而改變自己的態度好嗎？根本無需在意那些沒效率、為了加班而加班的人的白眼。有些人是因為下班了沒有人際關係，不加班也只是浪費生命。有些人是因為虛晃了一整天怕別人看出自己的無能，只好晚上加班裝認真。有些人只是因為主管還在，心虛不敢走。所以妳幹嘛為了這些沒效率的人，跟著一起陪葬時間呢？

仔細回想，妳單身的時候為了約會、為了聚餐、為了新買的性感內衣趕去薇閣，什麼時候在意過這些人的眼光？收拾好東西，要離開辦公室前甚至心裡還呸了一聲：「你們這些沒有人生的魯蛇。」那為何現在要因為已婚有小孩，而不敢驕傲於自己的有效率，不再趾高氣揚做自己呢？

旅行更不用說了，老娘年輕單身的時候想走就走，結了婚依然要保持這樣的好習慣。次數或許會減少，但真的不要忘了對旅行的熱情，有機會一個人旅行，可以釋放壓力、拓展視野，增加妳重返母親角色的精采度。

跟老公兩個人的旅行，不但能夠讓感情加溫，也可以讓身心靈好好放鬆。畢竟短暫脫離小孩，不用考慮小孩的喜怒哀樂，才可以好好規畫兩個人真正有興趣的活動。

只要經濟、時間允許。小孩放假、老公有假的時候就一起全家旅遊，小孩沒放假、老公有假就兩人世界。小孩沒放假、老公沒放假，老娘就輕鬆背起行囊，假期短就國內放鬆，假期長就國外充電。

短暫離開媽媽這個角色，當妳充電後再回到崗位，心情跟體力完全煥然一新，小孩更能感受到妳的愛，老公更是小別勝新婚，應該馬上又懷上一胎。

#已婚有小孩的閨蜜相約，媽媽得到的是兩個人的輕鬆，孩子又向社會化邁進了一步，多好。

#短暫離開媽媽這個角色，充電後再回到崗位，小孩更能感受到妳的愛，老公更是小別勝新婚。

5. 累積勇於簽字的本錢

大S離婚的時候，有人拍手叫好，有人覺得終於等到看好戲。人總是對於太過幸福的畫面充滿著妒意，即使是事不關己，甚至於螢幕上八竿子打不著的人，我們也會充滿著妒意的想說憑什麼？於是開始懷著看你們好多久的念頭，期待預言成真。姑且不論這對姐妹花在大家心裡是怎樣搖擺或怎樣令人喜歡跟厭惡，我覺得螢光幕前的她們都不會是真實的她們。

我想分享的個人想法可能跟大家不太一樣，我不看好戲，也不幸災樂禍，畢竟每個人的幸福自己知道即可，不用去「羨慕、忌妒、恨」別人的生活。對於這對夫妻的分手，我想分享的看法是，終於有人示範把離婚這檔事，平淡的當成只是人生的一種回歸，沒有任何螢光幕前的哭哭鬧鬧、謾罵詛咒，讓離婚像是宣布另外一部新戲開拍或發表一首新歌的媒體文。

婚姻就是人生的一個過程，結婚就跟你搬到新家居住一樣，兩人相處是否和諧，就好比居住的舒服度。住得舒服，那我們就繼續待下去，覺得住起來冬寒夏燥、冷風颼颼、陰濕不乾爽，那當然早早搬遷對彼此都好，省得身子骨搞壞了，老來不得善終。離婚不是世界末日，它就只是回歸單身，回歸青春年少最美的歲月，所以，轉身請一定要優雅。

大S有一句話說得很好：「我不是不愛你了，我只是知道在未來的日子裡我不會更愛你。」我喜歡她把離婚這檔事，很正向的攤在陽光下、公眾面前，平淡的處理它。不哭天搶地、謾罵，非要你死我活。退一萬步來想，今天如果他是一個渣，妳不是更應該慶幸，離婚能夠讓你遠離渣男嗎？所有的精神虐待、肉體虐待都得以解脫，回歸妳單身時的平靜美好。如果他是個良人，還有值得讚許之處，那我們不是更應該要好聚好散，給彼此留下最美好的回憶嗎？

這世界閒人太多，總喜歡心繫「莫忘世上苦人多」。自己婚姻一團糟搞到離婚的名嘴，卻喜歡告訴大家婚姻有多美好，動不動出書就是要教大家「如何經營美好婚姻生活十八招」。一堆在婚姻裡載浮載沉的左右鄰居、親戚的三姑六婆又總喜歡說著「勸合不勸離」。於是很多人在世俗的眼光下，把離婚當成人生的一個汙點，覺得再怎麼苦撐，為了面子也要在人前好看的撐下去。

即使嘴角掛血、眼眶黑輪都要面子皮，否則怎麼對娘家父母交代，怎麼對得起自己的小孩？甚至於有些女人總覺得離婚就是世界末日，自己瞬間變成二手貨，苦惱離婚後的餘生會矮人一截。

親愛的，人生是妳的，妳無須對誰負責，妳只要好好對自己交代。

離婚就是，覺得不適合、不愛了，所以雙方無法再共同生活相處，不在一個屋簷下，沒有法律上的牽絆，沒有相對的義務跟權利要去承擔。也許是退回到朋友的位子，或者是以後不再聯絡的友人，那是一種放過自己的方式。（當然有人為了購買夫婿的法拍房產，兩離三結的，這個超過我腦容量可以思考，不包含在內。）

我覺得大S是一個非常知道自己想要什麼的人，在那個保守的年代勇敢愛上韓星，後來又愛上年紀比自己小的男藝人，甚至離婚後又重回舊愛懷抱、果斷再婚，把自己的人生活成一齣偶像劇，義無反顧向前。

有人說這是因為大S有錢、有能力，所以當然能夠有底氣。這就是我一直在勸女孩的，請儲備勇敢說「不」的能力跟勇氣。

女人不管是單身、未婚、已婚、離婚，都要保有賺錢的能力、養自己的本事。即使是在家帶小孩，我都覺得妳應該要跟老公談談有給薪的全職主婦。

妳應該要從單身時就培養賺錢的能力，那會讓妳在遇到一個有趣的窮光蛋的時候，敢放膽去愛；那會讓妳在遇到一個迷人富翁的時候，不會顯得渺小抬不起頭。

曾經在我的朋友圈裡有個女孩，她到海邊學衝浪，愛上了一個衝浪男孩。大家都知道，衝浪的男人是抓不住的，他就像一道不知何時衝進港灣的浪。但陽光下海灘邊妳看著一副黝黑、精實的胴體在浪裡穿進滑出，能不迷人、不賞心悅目嗎？

女孩受過良好的教育，在台北有一份不錯的工作還是高階主管。竹北的望族後代，加上澳洲留學的背景，讓她擁有良好的謀生能力。為了追愛，她勇敢的跟著男孩流浪到台東。

男孩一直就是個浪子，不給承諾，也不願穩定下來。女孩為了追求瞬間的美好，義無反顧的出發了，而她也是真的有本事為了美好而追求。

女孩在台東從事國際網拍生意，不需要男孩的任何資源，自己就可以在經濟上充滿餘裕，畢竟海灘男孩窮得只有海浪。

不久後，女孩懷孕了，台東住了幾年後，兒子要上小學了，於是她又自己一個人離開男孩與海浪，帶著孩子搬回台北上班。

某次碰面吃飯，我讚嘆她的勇敢，也佩服她有能力好好追求自己想要的事物。我問她，當時的心情是什麼？

她說：「老娘就是有能力決定我想要的東西，在最美好的時候，追求最想要的東西。然後在不想要的時候，帶著美好的事物跟回憶離開。」

很簡短的一句話，但並不是每個女孩都有勇氣去做這樣的決定，我並不鼓勵這樣的義無反顧，但我覺得每個女人都應該儲備自己的能力，在妳需要義無反顧去追求的時候，可以有這樣的本事與後盾。

「保持最好的自己、有能力的自己。」有自信、有能力會讓妳在婚姻生活裡，即使是最膚淺的物質上都可以充滿餘裕。看到一雙漂亮女鞋、美麗童裝，不需要懦懦的等待老公同意；看到一個美麗的餐盤、一根想要的湯匙，不用再等待男人點頭。當妳遇到撐不下去、心靈不夠契合、肉體不夠滿足、老二不夠大，想要離婚的念頭升起時，可以勇敢的說：「你就是他媽的給老娘簽名。」

#人生是妳的，妳無須對誰負責，妳只要好好對自己交代。

#妳應該要有賺錢的能力，那會讓妳在遇到一個有趣的窮光蛋的時候，敢放膽去愛；那會讓妳在遇到一個迷人富翁的時候，不會顯得渺小抬不起頭。

Eurasian Publishing Group
圓神出版事業機構
用心與你對話・網野無限寬廣

圓神出版社
Eurasian Press

www.booklife.com.tw　　reader@mail.eurasian.com.tw

圓神文叢 313

妳可以乖，但不能不懂男人的壞

作　　者／大叔
發 行 人／簡志忠
出 版 者／圓神出版社有限公司
地　　址／臺北市南京東路四段50號6樓之1
電　　話／（02）2579-6600・2579-8800・2570-3939
傳　　真／（02）2579-0338・2577-3220・2570-3636
總 編 輯／陳秋月
主　　編／賴真真
專案企畫／沈蕙婷
責任編輯／吳靜怡
校　　對／吳靜怡・林振宏
美術編輯／蔡惠如
行銷企畫／陳禹伶・鄭曉薇
印務統籌／劉鳳剛・高榮祥
監　　印／高榮祥
排　　版／莊寶鈴
經 銷 商／叩應股份有限公司
郵撥帳號／ 18707239
法律顧問／圓神出版事業機構法律顧問　蕭雄淋律師
印　　刷／祥峰印刷廠
2022年5月　初版
2022年10月　6刷

定價 340 元　　ISBN 978-986-133-821-7

妳應該要有賺錢的能力，那會讓妳在遇到一個有趣的窮光蛋的時候，敢放膽去愛；那會讓妳在遇到一個迷人富翁的時候，不會顯得渺小抬不起頭。

——《妳可以乖，但不能不懂男人的壞》

國家圖書館出版品預行編目資料

妳可以乖，但不能不懂男人的壞 / 大叔著. -- 初版. -- 臺北市：圓神出版社有限公司, 2022.05
176 面；14.8×20.8公分 --（圓神文叢；313）

ISBN 978-986-133-821-7（平裝）
1.CST：女性 2.CST： 兩性關係 3.CST：生活指導
544.5　　111003156